本当にやりたいことが仕事になる
口コミ起業の本

崎本正俊
Sakimoto Masatoshi

プレジデント社

資格も経験もない私が起業なんてできるわけがない

起業に興味はあるけど、失敗はイヤ

そもそも「何から始めたらいいのか」わからない

一人で起業するのは心細い

資金や準備が大変そう

子育てや家事に追われている自分には、できない

誰に相談したらいいのかわからない
もっと自由になるお金がほしい
自分を必要としてくれる人のところで輝きたい

起業への最初の一歩を踏み出せずに悩んでいる人に
この本を贈ります。

はじめに　あなたの魅力・好きがビジネスになる

みなさん、こんにちは！　さっきーこと﨑本正俊です。

この本は、起業で最初の一歩が踏み出せず、どうしたらいいのかわからない女性のために、**「無理と我慢をやめて本当にやりたいことで起業する方法」**を書いた本です。

「そんなに都合のいいやり方が、本当にあるの？」

そう思うのも無理はありません。

私自身、20代で保険代理店を立ち上げたもののまったくうまくいかず、自己破産寸前まで追い込まれた過去があります。

当時、2000万円の借金を背負ってしまった私は、「自分一人でなんとかしなければ」と思いつめ、気づかないうちに無理と我慢を重ねていました。

その無理と我慢がたたって、幻覚症状にも悩まされました。

そんなときです。一人のお客様が、私を信頼して別のお客様を紹介してくれたのです。

理由は、**「崎本さんと話していると楽しいし、話がわかりやすくて信頼できる」**というものでした。


たしかに私は、人と話すのが大好き。人の話を聞くのも大好きです。

どんなに「会話」をしても、まったく疲れません。

自分の得意なこと、自然にやっていることで喜んでくれる人がいる。自分が無理なくできることをやっているだけで、新しいお客様まで紹介してくれる。

そのことに気づいた私は、お客様がお客様を呼んでくれる「口コミ」効果のおかげで、2000万円の借金をわずか10ヶ月で完済することができたのです。

95％の女性が「6ヶ月以内に月収50万円以上」を実現しています

女性の起業がうまくいかないのは、努力が足りないからでも、能力がないからでも、資格がないからでもありません。

理由は、たった一つ。

自分がやりたくないことをやって、無理と我慢をしすぎているからです。

その無理と我慢が、新しい無理と我慢を連れてきて、結局、体とメンタルが壊れ、「起業なんて無理」ということになってしまいます。

ですから、女性の起業は、「無理」と「我慢」をやめる。

これだけでうまくいきます。

私は女性起業のコンサルタントとして、これまで多くの女性をサポートしてきました。その数は7000人にのぼります。

「自分のやりたいことって、どうやって見つけたらいいの？」
「今まで家族や仕事を優先してきたから、本当にやりたいことと言われても、よくわからない」
「無理や我慢をしなくても、起業ってできるの？」

そうした相談者が、毎日のようにやってきます。そして、私の主宰する「口コミ起業アカデミー」に入塾した**女性の95％以上が、本当にやりたいことで起業して、「6ヶ月以内に月収50万円以上」という夢を叶《かな》えています。**

例えば、

- リラクゼーションサロンをスクール化して**月収200万円**を達成した西木治子さん
- ピアノの先生を育成する教室を開いて**月収50万円**を達成した畠山美紀さん
- 骨と心を整える骨格矯正サロンで**月収60万円**を達成した進藤亜希子さん
- オリジナルヴィーガンスイーツを開発して、**月収100万円**を達成した料理教室の中村裕子さん

●オリジナルメソッドを作って**月収200万円**を達成した心理学講師の深津広子さん
●高単価のお客様に絞り、1ヶ月に10日の稼働のみで**月収50万円**を達成したエステティシャンの能條麻紀子さん
●オリジナルイラストが口コミで広がり**月収50万円**を達成したイラストレーターのたなかようこさん
●企業の採用育成コンサルタントとして活動の幅を広げ、**月収200万円**を達成したアナウンサーの土井梨津子さん
など、たくさんの方が口コミ起業で、夢を叶えています。

営業・集客はいりません。SNSもやらなくていい

起業したいという女性を7000人以上見てきて思うことは、
「営業や集客なんて無理」
「相手が嫌がるような売り込みはしたくない」

「嫌な相手をお客にしたくない」

と思っている女性が実に多いということ。

ここにこそ、女性が無理と我慢を重ねてしまうポイントが潜《ひそ》んでいます。

例えば、フォトグラファーの小木曽絵美子さんは、「営業とは、がんばって売り込むもの」という誤った思い込みがありました。

そして、「押し売りするような営業は無理」という理由から、お客様に自分の商品を案内することをためらっていました。

そこで私は、「商品を提供するという行為は、お客様の話をじっくり聞いて『お客様が望んでいる未来』を『ご案内』することだよ。決して嫌がるお客様に売りつけることではないんだ」と伝えたのです。

そのひと言で商品を提供することへのメンタルブロックが外れた彼女は、みるみる稼げるようになり、やがて最高月収300万円まで到達したのです。

お客様に商品を売りつけるのではなく、
必要としているお客様に「ご案内をする」。

これだと相手も必要だと思って買ってくれるので、無理は存在しません。

買って満足したお客様が、さらに新しいお客様を連れてきてくれるので、基本的に嫌なお客様が来ることはありません。嫌なお客様が来ても、ご遠慮するだけでいいので、我慢も必要ありません。

ここが最も重要だと思った私は、女性が無理や我慢をしなくてもいい最良の方法、「口コミ起業」にたどり着いたのです。

大事なことなので、もう一度言います。

本書で紹介する口コミ起業に、集客と営業は必要ありません。むしろ、集客も営業もやってはいけない。

SNSも同じです。苦痛ならやらなくていい。

「無理しない」「我慢しない」がうまくいくコツ

女性は苦手なことに時間とエネルギーを使うと、ストレスでマイナス思考に陥ってしまいます。その思考は自分だけではなく、家族や仕事仲間にも影響するため、本人が思っている以上に被害は甚大《じんだい》です。

そうならないために、「無理や我慢をしないマインド」を養うこと。

自分のやりたいことと、無理なく自然にできることを形にした「唯一無二の商品」を作ること。

そして、営業しなくても理想のお客様がやってくる「口コミを巻き起こす仕組み」を作ること。

それを実現できるのが「口コミ起業」なのです。

本書では、「口コミ起業」をする上で大切な3つの要素、**「マインド」「商品」「口コミセールス」**について解説していきます。
●自己肯定感を高めて、女性ならではの成功を手にする「口コミマインド」
●本当にやりたいこと、自然にやれることで唯一無二の商品ができる「口コミ商品作り」
●商品をご案内するだけで、お客様が申し込んでくれる「口コミセールス術」
この3つに必要不可欠なのが、**無理と我慢をやめること**。

女性は、普段から無理や我慢をするのが当たり前になっています。なのにさらに、無理と我慢を重ねると、心と体が壊れてしまうのは当たり前です。

ですから、女性にとって大切なのは、**無理なく自然にやっていることでお金を稼ぐこと。**

それを可能にするのが「口コミ起業」なのです。

女性と男性の成功法則は違う

女性の幸せは、男性のように「お金が儲かればいい」「モテればいい」「影響力を持てればいい」では手に入りません。

お金も人間関係も仕事もプライベートも、すべてうまくいってこその成功であり、幸せなのです。

私は、「女性が本当にやりたいことで、自分らしく幸せな成功を手に入れるため」の第一歩にしてもらえたらと思い、この本を書きました。

ぜひ、この本と一緒に「口コミ起業」を成功させて、本当の自由を手に入れてもらえたらうれしく思います。

本当にやりたいことが仕事になる

口コミ起業の本

Contents

Contents

第1章 女性の起業は「自己肯定感」が9割

第2章

「やりたい！」がカタチになる「口コミ商品」の作り方

第3章

お客様から「欲しい！」と言われる価格設定のコツ

第4章

集客・営業しなくても自然と売れる「口コミセールス」

Contents

序章

女性は、なぜ「口コミ起業」がいいのか？

女性は「口コミ」で生きている

女性にとって最も大切なのは「安心感」と「応援」

女性は普段から自然と「口コミ」をやっています。

こうと書くと、

「え？　私、口コミなんてしたことない」

と思う人もいるでしょう。

ところが、本人さえ気がつかないうちに口コミをしているのが女性です。

例えば、

「自分が使ってみてよかった化粧水をママ友にすすめた」

「『友だちが着付け教室を開いたんだけど、とても丁寧な教え方をする人なの。一ヶ月もすれば自分で着られるようになるんだって』と友だちに紹介した」など、女性なら誰でも一度は口コミで、自分のお気に入りを知人にすすめたことがあるのではないでしょうか。

また、「とにかくいいから」と自信を持って人にすすめることができるのが女性ならではの特徴。

口コミを聞いた相手は、

「そんなにいいのなら、試しに使ってみようかしら」

「一度行ってみようかしら」

となる。

これが、口コミで商品が広がっていく典型例です。

では、なぜ女性は口コミをしてしまうのでしょうか？

それは、いつも**「安心したい」「応援したい」という気持ちが根底にあるからなのです。**

「得したい」より「損したくない」が人間の心理

ここで一つ質問をさせてください。

次のAとBとでは、あなたはどちらの方により大きく心が動きますか？

A：10万円のコートを1万円値引きしてもらった

B：10万円で買ったコートが、他の店で見たら9万円で売られていた

ほとんどの人がAの得した気分より、Bの損したショックの方が大きいのではないでしょうか？

これは「損失回避の法則」といって、人は無意識に「得することよりも損することを避けようとする」傾向があることを示しており、心理学で証明されているものです。

特に女性は、「これ、よかったわ」と実際に使った人の声を聞いて、損をし

ない安心安全が保証された商品を買う傾向が強い。

女性にとって「安心感」は何にもまして大切なことなのです。

また、女性は自分と同じものを「いい」と思ってもらえると「喜び」と「安心」を感じます。

ですから、女性が「おそろい」を好むのも「安心感」と密接な関係があります。

おそろいの服や、アクセサリーを身につけることで、所属感や連帯感が高まり、安心することができるからです。

つまり、女性の口コミを理解する上で重要なキーワードの一つ目は「安心感」です。

女性に口コミ起業が合っている5つの理由

女性が口コミをするもう一つの理由。

それは「応援」です。

人は一生懸命に打ち込んでいる人を見ると、ついつい応援したくなるもの。

特に女性は、一生懸命な人を見ると応援したくなるし、応援をお願いされたら「なんとかしてあげたい」と思ってしまいます。
なぜ女性は、応援するのが好きなのでしょうか？

そこには、次のような5つの理由があるのです。

①共感とつながり

女性は、経験や感情を共有することで安心します。そのため、女性同士で応援し合うことで強い絆《きずな》を感じます。また、本来お互いの幸せを喜び合い、困難な状況でもサポートし合う特性があります。

②社会的な支援

女性は社会的な支援を重要視しています。ですから、社会的なつながりを築く機会や、ネットワークを構築する手段として応援を活用します。

③励ましとポジティブな影響

応援し合うことは、自己肯定感を高め、自信を持つことにつながります。

④女性の権利と平等への支持

女性が女性の権利と平等を支持し、その成功を応援することは、社会的な変化を促進する手段となります。そのため、女性を応援することに、意義を見出す女性は少なくありません。

⑤満足感と喜び

人を応援することは、自己願望を実現できることにつながります。成功した友人や仲間を見て、その喜びを共有することは、多くの女性にとって大きな満足感を生み出します。

男性は、明確なメリット（＝儲かる、モテる、影響力を持つ）がないと動きません。しかし女性は違います。「誰かの役に立ちたい、応援したい」という気持ちが強くあります。

これは、母性とも強い関係があるのでしょう。

「安心感」と「応援」。

この2つを踏まえた起業が「**口コミ起業**」であり、「**女性起業家が成功するための最速最短の道**」なのです。

「口コミ」で大切なのは「安心感」と「応援」

◎安心して買えるのが「口コミ」のよさ

◎人は一生懸命な人を応援したくなる

口コミ起業に「気合」と「根性」は必要ありません

女性が「絶対やってはいけない起業法」とは?

さて、女性が自然に口コミをしていることが少しわかってきたところで、女性がやってしまいがちな起業の失敗例を紹介します。

それは**「体育会系起業」**です。

体育会系起業とは、

「売上重視」

「利益重視」

「努力と根性で乗り切る」

いわゆる、男性型の気合と根性を重視した起業のことで、次のような特徴があります。

× 売上目標を**達成**することに躍起になる
× プライベートを**犠牲**にしてでも、売上を伸ばそうとする
×「やりがい」よりも「売上」を**優先**する
× **苦手**なお客様に対しても、感情のスイッチをオフにして対応する
× **努力**して技術や知識を学び続け、常に能力を磨くことを怠らない

ごくまれに、こうした「体育会系起業」が性に合っている女性もいますが、そういう女性は多くありません。

こうした「体育会系起業」に取り組んだ女性の多くが、売上を追求し過ぎたあまり、苦手なことにチャレンジしてメンタルダウンを起こし、病気になってしまいます。

なぜ、女性はこんなにも無理ばかりをしてしまうのでしょうか？
そこには、次の5つの理由があります。

①完璧主義

完璧主義の傾向がある女性は、自分に高い基準を設定し、それを達成するために無理をしてしまう。

②責任感

責任感が強い女性は、他人や状況に対して責任を感じやすいために無理をしてしまう。

③自己犠牲

女性は、家族や周囲の人々のために、自分を犠牲にして無理をしてしまうことが多い。

④承認欲求

自分の価値に疑問を感じる女性は、他人からの承認を求めるあまり、無理をしてしまう。

女性が絶対にやってはいけない「体育会系起業」

①何がなんでも売上を
達成しようとする

②売上のために
プライベートを犠牲にする

③やりがいよりも売上を優先

④苦手なお客様にも対応する

⑤がんばりすぎる

⑤社会的な期待

社会や文化が、女性に対して特定の役割や責任を期待するため、その期待に応えなければと無理をしてしまう。

このように、女性は知らず知らずのうちに、「無理」と「我慢」をしてしまいます。

それでは、成功と幸せどころか、精神的、肉体的負担が大きすぎるのです。

一方、女性が無理と我慢をしなくてもいい「口コミ起業」には、次のようなメリットがあります。

①好きなこと・やりたいことで高単価の商品ができる

②高単価の商品は、売れ行き好調でも忙しくならず疲弊しない（低単価だと、忙しくなり疲弊する）

③集客に時間をとられることなく、口コミで自然とビジネスが広がっていく

④好きなことをやっているため、充実感・やりがいが大きい

⑤応援されることで周囲への感謝の気持ちが湧き、自分も人を応援するようになるため、幸せな気持ちのよいサイクルの中に身を置くことができる

もう、無理をしなくてもいい。

我慢も不要です。

女性の特性を活かすことだけを考え、試行錯誤してできたのが「口コミ起業」なのです。

第1章

女性の起業は「自己肯定感」が9割

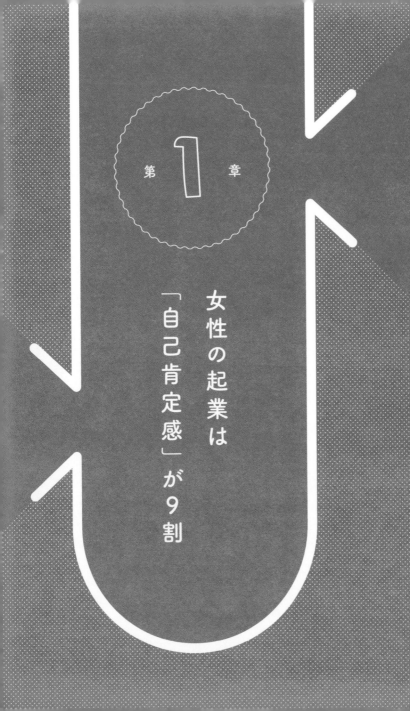

「無理」と「我慢」が自己肯定感を下げている

「自分さえ我慢すれば」をやめよう

女性が起業するにあたって、最も大切なのは「無理をしないこと」と「我慢をしないこと」でした。

そもそも、女性はとても忍耐力があります。ですから、気づけば**「自分さえ我慢すれば思考」**に陥ってしまいがちです。

家庭でも仕事でも「自分さえ我慢すればうまくいく」と考え、自分に無理強《じ》いすることが当たり前になっています。

もちろん、ビジネスにおいて「ここはがんばりどころだ」というタイミングはあります。

しかし、無理や我慢をしながら踏ん張り続けていたら、どんなにお金を稼ぐことができても、心がポキッと折れてしまいます。

たとえ体育会系起業を成功させても、無理がたたって病気になったり、周りに心を許せる人がいなくなって孤立したりするのです。

そうなると、どんなにお金を稼いでも猜疑《さいぎ》心と孤独感に苛《さいな》まれ、いったい何のための起業だったのかわからなくなってしまいます。

そこで、大切になってくるのが序章で紹介した「安心感」なのです。

女性が起業を成功させるためには、「無理や我慢をせず、安心できる環境で起業する」ことがとても大切です。

では、どうすれば女性は安心できる環境で、起業することができるのでしょうか。

男性と女性の起業を比べながら、わかりやすく解説していきます。

モテたい男、わかってもらいたい女

男性にとっての起業は「お金」と「モテる」
女性にとっての起業は「共感」と「幸福感」

女性が起業マインドを養う上で大切なのは、「安心感」でした。

では、男性の場合は、どうでしょうか。

男性と女性とでは起業で求めるものが大きく異なります。その違いを知っておくと、ムダな努力をしなくてすむようになります。

起業で男性が最も重要視しているのは、「メリット」です。

特に「お金が儲かる」「モテる」の2点については、女性が想像する以上に重要です。

まず「お金が儲かる」について。

人によって差はありますが、男性が起業するにあたって、安心感は女性ほど重要ではありません。

例えば、多少「嫌なお客だな」「大変な仕事だな」と思っても、「お金が儲かるなら、まあいいか」と考え、前に進むことができます。

ところが、女性はそうはいきません。

女性はどんなにお金が儲かるとしても、たった一人の嫌なお客様の存在でモチベーションが下がります。

また、自分の商品やサービスに疑念が生じたら、それだけで一歩も前に進めなくなってしまいます。

そして、もう一つの「モテる」。

こちらは、女性からすると笑ってしまうような話です。

しかし男性にとって「モテるかどうか」は、ものすごく重要。しかも、女性から見たら滑稽なほど真剣です（笑）。

例えば、女性は好きでもない男性から「好き」と言われたら「ありがたいけど、はっきり言って迷惑」と思ってしまいます。

しかし、男性は違います。できるだけたくさんの女性、可能なら世界中の女性から「好き」と言ってもらいたいと全力で思っています。

それくらい違うのです。

左の表に男女の起業マインドの違いをまとめてみました。

表からもわかるように、男性は論理的で権威志向が強く、女性は直感的で共感力が強いという特徴があります。

当然、目的が真逆である男性型の成功事例をモデルにしても、うまくいくわけがありません。

ですから、左の表を参考にして、**女性の特質を理解した上で起業することが成功への近道であり、長く続けていくコツなのです。**

男女の起業マインドの違い

	男性	女性
中心に考えること	・お金（稼ぐ）	・やりたいこと ・役に立っている実感 ・やりがい ・充実感
求めるもの	・賞賛、権威性 ・すごい人になりたい ・お金が儲かる ・モテる	・共感 ・気持ちをわかってほしい ・気持ちをわかってあげたい
思考の傾向	・分析的、論理的	・感覚的、思いつきでやる ・ざっくりしている
起業前のビジネスに取り組む姿勢	・売れるもの、自分のやってきたことをビジネスにしようとする	・まず資格を取ろうとする
ビジネスの広げ方	・自分でがんばって広げていく、営業する ・セールス、マーケティングを学ぶ	・いいと思ったら人に伝える ・口コミで広がる

自己肯定感を高めるたった一つの方法

「自己肯定感を高める」＝「もっと自分を好きになる」

女性は、仕事も家庭もプライベートも、すべてうまくいって初めて「幸せ」を感じられます。

男性のように、不安やリスクを抱えたまま「稼ぐため」「名誉のため」「賞賛のため」「モテるため」ではがんばれません。

ですから、仕事、人間関係、お金に少しでも不安や心配を感じてしまったら、たちまち足がすくんで動けなくなります。

そこで重要になってくるのが、これまで見てきた通り「安心感」なのです。

女性にとって「安心感」とは「ワクワク（楽しみ）」です。

「安心感」さえあれば、いくらでも前に進むことができますし、困難さえも「ワクワク」に変えて、どんどん道を切り開いていきます。

では、いったいどうしたら安心感を得られるのでしょうか。

私がお伝えしているのは「**自己肯定感を高めよう**」ということです。

女性は、自己肯定感さえ高ければ、多少のことが起こっても不安にならずにいられますし、たとえ大きなトラブルが起こっても、「自分は大丈夫。必ずうまくいく」と安心できるようになります。

では、自己肯定感を高めるには、どうしたらいいのか。

結論から申し上げます。

「自己肯定感を高める」とは「もっと自分を好きになる」ことであり、「どんな自分でも許して受け入れていく」ということです。

女性に無理や我慢をもたらす心配と不安は、

「自分が嫌い」

「自分が許せない」

という感情から来ています。

自己肯定感が低いと、

「楽をするなんてダメだ、もっとがんばらなければ許されない」

と思い込んでしまっているので、自分に必要以上の負荷をかける習慣が身についています。

この状態に陥ると、周りからの期待に無理に応えようとしたり、自分さえ我慢すればうまくいく、と自分を抑え込んでしまうようになります。

さらに、周りの人にも、「こうするべき」を強要するようになっていきます。

これでは、不安、心配、疑念がどんどん湧いてきて、安心感や幸福感からはどんどん遠ざかってしまいます。

そうならないためには、

「私はもっと楽をしていい。無理にがんばるのをやめても大丈夫！」

と自分に言い聞かせること。

「全部自分でやらなくても大丈夫。たまには誰かを頼っていい」

「あの人に好かれなくても大丈夫。私のことを好きでいてくれる人は、他にもたくさんいる」

「お金の心配はしなくても大丈夫。天下の回りものだから、必ず巡ってくる」

このように、いつも**自分で自分に励ましの言葉をかける**だけで、自然と自己肯定感は高まるようになります。

最初は心がこもっていなくても大丈夫。お風呂やベッドで自分に言葉をかけてみましょう。自然と自己肯定力が上がっていきます。

女性は体育会系起業で成功しても、幸せにはなれない

私が「自己肯定感が重要だ」と言うのには、理由があります。

自己肯定感を疎《おろそ》かにしたまま起業して成功しても、幸せになっていない女性を山ほど見てきたからです。

私の周りでも時折、「体育会系起業」で成功する女性がいます。

ここでいう成功とは、お金を稼ぐことができているという意味です。

華やかに、広告をたくさんかけて集客しては、講座も数ヶ月単位でどんどん

開催していく。場合によっては、複数の講座を同時に開催します。

しかし、こうした女性は、どれだけ稼いでも、どれだけ多くの人と関わっても、まったく満足できません。

なぜなら心の奥で、

「どうせ私のお金に寄ってきているんだ」

と思っているからです。

その心理状態で、周りの人から「何かできることある？」と手を差し伸べられても、素直に受け取ることはできません。

そもそも、心の奥で自分自身を信頼していないので、周囲にいる人のことも信頼できず、孤独と不安に苛まれ**「成功してお金があるのに幸せになれない」**という状況に陥ってしまいます。

しかし、なまじ成功しているために後戻りもできず、心を擦《す》り減らしながら「成功という華々しい道」を誰にも弱みを見せることなく、一人で歩いていかねばならなくなります。

このように、女性は自己肯定感が低いまま成功しても、安心できなければ決して幸せにはなれないのです。

女性が幸せでなければ、男性の幸せもない

ここで、男性の私がなぜ女性の起業を応援するのか？　について少しお話をしましょう。

私が女性の起業を応援する理由、それは、女性が笑顔なら世界が平和になると信じているからです。

家庭においても、ビジネスにおいても、女性が笑っていることはとても大切なことです。

女性が笑ってくれていたら、それだけで男性はうれしくなるからです。母親や妻が悲しそうだったり、無表情だったら、子どもや夫はいたたまれません。

女性が笑っていられない場所に幸せはありませんし、安心もありません。

女性は、自分が好きでやっていることや、やりがいを感じていることで周り

にいる人が喜んでくれると、それを自分の喜びとしてがんばることができます。

ですから、安心感の中で起業ができれば、男性よりビジネスがうまくいく人が圧倒的に多いのです。

自己肯定感の高さと収入は比例する

女性起業家の約7割の方の年収が100万円未満、平均年収は93・1万円といわれています（中小企業庁「小規模企業白書（平成24年版）」より）。

この数字を見ると、起業したものの、十分な収入が得られていない女性が多いことがわかります。

「経済的に自立したい」「安定した生活を送りたい」と思って起業しても、年収100万円以下では苦しいですよね。

では、なぜ女性起業家の収入が、このように低くなってしまうのでしょうか。

それは、

「私なんかがお金をもらってもいいのだろうか」

「私なんかが人の役に立つわけがない」

という**自己肯定感の低さが、ブレーキになっている**からです。

自己肯定感が低いと、せっかくお客様が自分の商品やサービスに興味を持ってくれても、その好意を素直に受け取れません。

それどころか「私の商品より、もっといいものがあると思います」と、申し込みを断ってしまう人さえいるのです。

起業はボランティアではありません。お金をいただかなくては成り立ちません。

実は、私の口コミ起業アカデミーにも、自己肯定感の低さが原因で、他人からの褒め言葉や好意を素直に受け取れない人がたくさんいます。

「〇〇さんの考えた商品、すごくよさそうだから試してみたい。とても興味があるよ！」

と言われても、

「そうかなぁ……。私の商品なんて絶対に売れないと思う。自信もないし、私なんかよりもっとすごい人がいるから、私のところになんてお客様は来てくれないと思う」

と口にしてしまいます。

「私なんか」や「私なんて」を続けていると、**「こんな私が他人様《ひとさま》から何かを受け取ってはいけない」という謎の禁止令を発動**して、自分の脳に「受け取ったらとんでもないことになる」と思い込ませてしまうようになるのです。

口コミ起業は、お客様の数が少ない方が稼げる

そんな姿を見ていると、

「〇〇さんには素晴らしいところがいっぱいあるんだから自信を持って！」

と、つい言いたくなってしまうのですが、

「私なんてダメ」

と思っている女性をいくら激励しても、こちらの思いが届くことはありません。

ですから、このように伝えます。

「同じサービスを提供したとしても、提供する人によってサービス内容はまったく違ったものになるんだよ」

例えば、美容室を思い浮かべてみましょう。

全世界に美容室は星の数ほどあります。お客様も星の数ほどいますよね。社交的でおしゃべりな美容師さんがいいという人もいれば、物静かな落ち着いた雰囲気の美容師さんがいいという人もいます。

時間をかけて丁寧にやってくれる美容師さんがいいという人もいれば、手早くさっさと効率よくやってくれる美容師さんがいいという人もいるでしょう。

つまりお客様は、「商品・サービス」の内容に、あなたの「個性や人柄」を加味して選んでいるのです。

ですから、たくさんの人に選ばれなくてもまったく大丈夫。

100人に一人、1000人に一人、いや1万人に一人でいいのです。

あなたの商品やサービスが欲しい、という人を見つければ、そこから口コミが広がっていきます。それで十分に稼ぐことはできるのです。

「私なんて」をやめよう

ここで、大事なことをもう一つお伝えします。

お客様第一号は、最初に申し込んでくれた人ではありません。

自分の商品を一番理解しているのは自分、起業までの道のりや自分自身の人となりを一番理解しているのも自分。

「あなた自身」です。

お客様第一号であるあなたは、とても大切な人。

ですから、「私なんてできない」と自分を否定するのを今すぐやめましょう。

そして「私だからできる」と、お客様第一号である自分に言い聞かせてあげましょう。

ところが、自己肯定感の低い人は、思考も行動も「私なんて」に支配されています。だから、急に「私なんて」をやめようと思っても難しい。

そこで、一日に何度も「私なんてできない」を**「私はできる」「私にもできる」**

に変えて言う癖をつけると、だんだん慣れてきます。

この方法は、お金がかからない上に、お風呂に入りながらでもできます。

できれば、声に出して言うのがベストですが、心の中で思うだけでも効果があります。

ぜひ試してみてください。

自己肯定感の高め方にはコツがある

自己肯定感が自然と高まる6つのテクニック

自己肯定感は、先ほど見たように「私なんて」を「私はできる」と言い換えることで高まっていきます。

併《あわ》せて、効果的に自己肯定感を高めていくことができる6つのテクニックを紹介していきましょう。

❶嫌いな食べ物はあえて残す

自己肯定感を高めるための方法の1番目は「**『嫌だ』という感情に素直に従う**」です。

「この仕事は嫌だから、やりたくない」

「この人は嫌だから、話したくない」

「ここで働くのは嫌だから、別のところで働きたい」

まずは、自分の中にあるネガティブな感情を認めることからスタートしましょう。

多くの女性は、こうしたネガティブな感情を、心の中に封印してしまいます。いわゆる**不感症状態**です。

「大人なんだから我慢しなくちゃいけない」

「めんどくさい人だと思われたくない」

「イヤなこともお金のためには仕方がない」

これらの「自分のワガママを許せない」という感情をいったん横において、自分が心の奥底でどう思っているかを素直に感じるようにしましょう。

特に、「嫌い」という感情は、我慢して抑えつけなければいけないと思いやすいため、封印しがちです。

「嫌い」の感情を一番取り戻しやすいのは、「食べ物」。

シンプルに、嫌いなものは食べないということをやってみましょう。

例えば、食事をするときに、嫌いなものを堂々と残して、食べたいものだけを食べるようにします。

飲み会の席では、たとえ参加者が全員、「ビール！」と言ったとしても、自分がハイボールを飲みたければ、「ハイボール！」と言ってみます。

「食べたくないものは食べない」

「飲みたくないものは飲まない」

たったそれだけのことですが、これが自己肯定感をじわじわと上げていってくれます。

やがては、「嫌な依頼は断る」「嫌なお客様は断る」「安い金額での仕事依頼は断る」など、**「断る力」を育む**ことにもつながります。

そうすると、人、物、お金、時間に振り回されることがなくなります。「断る力」、つまり決断力が身につくからです。

すると、自分の「望む未来」に一直線に向かっていけるようになります。

あなたの「嫌い」という素直な感情は、決してわがままではありませんよ。

❷「損した」と思ったら、その人との関係を断捨離する

「私はこんなにやっているのに、なんで認めてもらえないんだろう」

「20万円の働きをしているのに、10万円しかもらえないのはおかしい」

そんなふうに思ったことはありませんか？

そう思ったときは、自分で自分の価値を認め始めている証拠。

「自分にはもっと価値があるはずなのに、それを認めてもらえなかった」

と感じていると、この気持ちが生まれます。

ですから、

「なんで私ばっかり」

「損した」

「こんなにやってるのに」

という気持ちが湧いてきたら、素直にその気持ちを受け入れて、味わってみましょう。

味わったときに、「この人といると、いつも損した気分になる」と思ったならば、その人から少しずつ距離をとるようにしましょう。

そうしているうちに、**「自分のことを認めてくれている人」が直感でわかる**ようになります。自分の価値を認めてくれる人が、周りに増えれば増えるほど自信がついて、起業もうまくいきます。

全員と仲良くする必要はありません。

みなさんの「望む未来」には、どんな人がいますか？

もう我慢や自己犠牲はやめて、「何か違う」という違和感を頼りに、人間関係も断捨離していきましょう。

❸ 1日の終わりに「イヤなこと」を3つ書いてみる

自己肯定感を上げる方法が書かれた本を読むと、必ず登場するのが次の3つのテクニックです。

「相手の『いいところ』を見つけましょう」

「今日あった『いいこと』を書き出してみましょう」
「感謝したい人と、感謝したい理由を見つけましょう」

しかし、これをやろうとすると「よかったことなんて何もない」という拒否反応が生まれたり、「よかったことを見つけられない自分はダメだ」と自分を否定したりしてしまうことがあります。

そこでその逆、**「イヤなこと」**を1日の終わりに3つ書き出してみるという方法があります。

例えば、「今日は雨が降っていて、お気に入りの服が汚れた」と書きます。

重要なのは、次です。

「本当はどうなっていたらよかった？」という問いを、自分に投げかけてみてください。

「雨の日に出歩かずにすむような生活がしたい」
「駅直結のマンションに住みたい」
「雨の日に通勤しなくてもいいように、家で起業をしたい」

「移動するときにお金を気にせずタクシーに乗れるように、起業を軌道に乗せたい」

「イヤなこと」が出発点であったとしても、**「本当はどうなっていたらよかった？」**について自問自答していくことで、「望む未来」を思い描けるようになっていきます。このとき、その日どんなにイヤなことがたくさんあったとしても、書き出すことは3つに厳選してください。厳選することで、自分が本当に「イヤだ」と思っていることが明確になり、その分「こうなりたい」という思いも強くなります。

「こうなりたい」という思いには強力なパワーがあります。

それが「幸せに成功したい！」という思いにつながり、モチベーションと自己肯定感が上がっていくのです。

❹ 下着や靴下、バスタオルを新しくする

自己肯定感が高いということは、自分で自分の価値を認めているということ。

つまり、「**自分を大切にしている**」ということです。

ただ、「自分を大切にする」といわれても、何をしたらいいのかわからない人も多いでしょう。そこで私がお伝えしているのは、

「人から『見えないところ』を新しくしてください」

ということです。

例えば、下着や靴下、パジャマ、バスタオルを新しくします。

これらはとてもプライベートなものなので、家族以外の人に見せる機会はほとんどありません。

実は、こうしたプライベートなものを新しくするだけで、自己肯定感は高まっていくのです。人のためではなく、純粋に自分のためだけに新調するからです。

ですから、直接肌に触れるもので、人から見られないものがあったら、どんどん新調して自分に喜んでもらいましょう。

特に、寝具をお気に入りのものでそろえると、自己肯定感はぐんぐん高まっていきます。人生のうち、睡眠時間は約3分の1を占めています。

その時間を健やかに、心地よく、安心して過ごすことができれば、起きている時間もポジティブに活動できるようになります。

決して高価な寝具を選ぶ必要はありません。自分のお気に入りのパジャマを着て、選びに選び抜いたベッドや枕を使って寝る。それだけで自己肯定感は高まります。

同様に、**「見えないところ」を掃除する**のも効果があります。

特に、トイレや排水溝などの水回りをきれいにしてみてください。

人は、家の中の汚れたところを心のどこかで気にしています。きれいに快適にすることで、余計な思考や感情が消えて、「いい気分」でいられる時間が長くなっていきます。

「見えないところ」は、「無防備で無意識な場所」ですから、そこを自分好みに美しく整えると、自然と「自分を大切にしようとする意識」も高まっていくのです。

❺ 足の小指を褒める

「え？　そんなことで自己肯定感が高まるの？」という声が聞こえてきそうですが、**足の小指を褒める効果は絶大**です。

なぜか？
足の小指は、体の中で、頭から一番遠い部位だからです。
私たちは日中、たくさんのことを考えています。起業を始めると、考えること、やることが増えてきます。そうすると、つい「頭でっかち」になってしまいがち。頭が最も働いているときであっても、目や鼻、耳、腕、足、内臓など様々な部位は、生きるために健気《けなげ》に働いてくれています。

小さな足の小指だって、ちゃんと働いています。それなのに、つい足の小指を疎かにしてしまいがち。ですから「小指ちゃん、今日もありがとう」と「労《ねぎら》いの言葉」をかけてあげてほしいのです。

自分を大切にしたり、褒めたり、認めたりしようとしたとき、私たちは真っ先に自分の思考や感情から認めようとします。それはそれで効果があることですが、ぜひ自分の体も褒めてあげてください。

この世界に生まれ、こうして体があるからこそ、「起業しよう」と思えるわけですし、実際に行動することができるのです。

自己肯定感は一気に高めようとしても高まるものではありませんが、足の小指を褒めるというような、**「スモールステップ」を積み重ねていく**ことで、少しずつ高まっていくのです。

❻「やりたくないこと」をやめる

これまで紹介した5つの方法と比べて、6つ目はちょっとだけハードルが上がります。

①と似ていますが、もう一段、階段を上がる感じです。これができると、起業がとてもラクになります。

この後にも詳しく書きますが、女性が起業するときに「特別なこと」をしてはいけません。

つまり、「自分がやりたくないことは仕事にしてはいけない」ということです。

猛烈にがんばったり、勉強したり、努力したりして得たスキルや技術を頼りにして起業してはいけません。

むしろ、**「努力しなくても自然にできること」で起業するのがポイント**です。

なぜなら、継続することができるからです。

「やりたいこと」

「好きなこと」

「続けられること」

「ラクにできること」

「自然にできること」

女性が起業するときは、この感覚を大切にして進めていかないと長続きしません。

だからこそ、普段から、「やりたくないこと」はなるべくしないように心がけましょう。

起業のために役に立ちそうな食事会に誘われたとしても、何となく「気が向かない」「行きたくないな」と思ったら行かないこと。

「この講座を受講するとスキルが上がりそうだけど、どうも先生が好きになれそうもない」と思ったら受講しないこと。

ずっと表舞台に出ることに憧れを抱いてきて実現したけど、「居心地が悪くて逃げ出したい」と思うようなら、裏方に回ってみること。

「報酬はいいけど、この仕事をずっと受け続けていたら、自分の心が死んでしまう」と思うような仕事なら、思い切ってやめましょう。

「何かがおかしい」

「違和感がある」

「これじゃない」

「このままだと我慢することになる」

という感覚を覚えたら、**素直に自分の感覚を信じる**ことです。

「壁や困難があるから成長する」という考え方もありますが、女性の起業にそれはあてはまりません。

女性は、安心で安全な道を選んで進んでいく。

それが、起業を続けていくために最も大切なのです。

自己肯定感を高める6つのテクニック

①嫌いな食べ物はあえて残す

トマトは
「嫌い」だから残
しちゃおう！

②「損した」と思ったら関係を断捨離する

この仕事は断ろう！
この人との
お付き合いもやめよう
こないだの仕事だけど、
ウチも厳しいからさ〜
半額でやってよ

③1日の終わりに「イヤなこと」を3つ書く

そっか。雨の日に通勤しなくて
いいように起業したらいいんだ!!

④下着や靴下、バスタオルを新しくする

キモチイイなぁ♪

⑤足の小指を褒める

いつも
ありがとう！
ワーイ!!
うれしい

⑥「やりたくないこと」をやめる

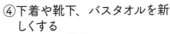

今日は気が向かない
からやめておこう
用があるから
またね
みんなでお茶
に行かない？

第2章

「やりたい！」がカタチになる「口コミ商品」の作り方

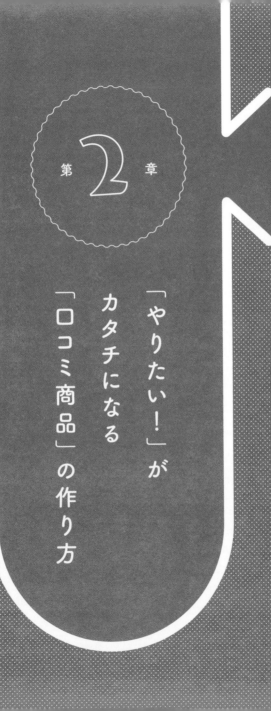

本当にやりたいことで「ロコミ商品」を作る方法

まずは、自分の「強み」を見つけよう

口コミ起業のマインドが整ったら、次は口コミをされる商品の作り方（口コミ商品作り）です。

口コミ商品作りで必要になってくるのが、「**自分の『強み』を見つける**」ことです。

「強みって何？」

「自分の長所のこと？」

と思った方も多いでしょう。いいえ、長所や実績のことではありません。

ここでいう「強み」とは、

「がんばらなくても自然にできてしまうこと」です。

ところがこの「強み」。自分でも気づかないくらい当たり前のことなので、自覚していない人がほとんどです。

実は私も、最初から「自分の強みをはっきり自覚している人」に出会ったことはありません。

なぜなら、多くの人が、**他の人がやっていない特別な能力が「強み」だと勘違いしているからです。**

そして「実績や経験がない」＝「強みがない」と思い込んでいるのです。

強みを持っていない人は、この世に一人もいません。

では、いったい自分の「強み」をどうやって見つけたらいいのか？　実績や結果が出ていることは「強み」ではないのか？

一緒に見ていきましょう。

「強み」と「能力」はこんなに違う

強みとは、「ついやってしまっている」こと

先ほども少し触れましたが、「強み」というと卓越した才能のことだと思っている人が少なくありません。

しかし、**才能や実績は「強み」ではありません。**

「強み」とは、

「一つのことに集中したら、話しかけられても気づかなくなってしまうんですよね」

「気になる情報を聞いたら、徹底的に調べないと気がすまないんです」

「黙っているのが大の苦手、いつも誰かとおしゃべりしていたいんです」

「会いたい人がいたら、すぐに日程を調整して全国どこへでも飛んでいっちゃいます」

「旅行に行くときは、泊まる場所、観光する場所、食事する場所を細かくチェックして計画を立てます」

といったことです。つまり、

「気がつくと、ついやってしまっていること」「やらずにはいられないこと」です。

どちらかというと、「気質」や「性格」に近いものですね。

能力とは、「学んだり努力してできるようになった」こと

一方、

「会社員として10年働いてきたので、ワードとエクセルはスムーズに使えます」

「経理の仕事をしていたので、お金の管理が得意です」

「アメリカに住んでいたことがあるので、英語が話せます」

「裁縫の仕事をしていたので、手先が器用です」
「料理家のアシスタントをしていたので、和洋中、どんな料理でも作れます」
といったことは、「強み」ではなく「能力」です。

「能力」とは、時間をかけて取得したもので、**「もともとできなかったことができるようになったすべてのこと」**を指します。

ですから、スキルや特技など、学んで身につけたものは、すべて「強み」ではなく「能力」になります。

「強み」と「能力」は、口コミ起業の両輪となる重要なものです。

自覚しやすい「能力」に比べて、「強み」は自分で認識しづらいため、これからで紹介する方法で一緒に見つけていきましょう。

「強み」と「能力」の違い

「強み」とは？
今度、スピーチコンテストがあるんだって！
小さい頃から話すのが大好きだから出てみようかしら
ほんとに話すことが好きなのね～
つい、やってしまうこと
自然とできてしまうこと
「能力」とは？
今度、スピーチコンテストがあるんだって！
話し方セミナーで学んだところなの。チャレンジしようかな
すごいわ！話し方を勉強したのね～
努力してできるようになったこと

自分の「強み」が自然に見つかる5つの方法

自分にとっての「当たり前」は、お客様にとっては「特別」

「強み」と「能力」の違いがわかったところで、「自分の強みを見つけるポイント」を5つ紹介していきましょう。

❶「どうしてそんな（簡単な）ことができないの？」

他人の発言や行動で、

「え？　どうしてそんなことができないの？」

「どうしてそんな簡単なことがわからないの？」

と思ったことはありませんか？　それがあなたの「強み」です。

郵便はがき

おそれいりますが
63円切手を
お貼りください。

1028641

東京都千代田区平河町2-16-1
平河町森タワー13階

プレジデント社
書籍編集部 行

フリガナ		生年（西暦） 年	
氏　　名		男・女	歳
住　　所	〒 TEL　　（　　　）		
メールアドレス			
職業または 学　校　名			

ご記入いただいた個人情報につきましては、アンケート集計、事務連絡や弊社サービスに関するお知らせに利用させていただきます。法令に基づく場合を除き、ご本人の同意を得ることなく他に利用または提供することはありません。個人情報の開示・訂正・削除等についてはお客様相談窓口までお問い合わせください。以上にご同意の上、ご送付ください。
<お客様相談窓口>経営企画本部 TEL03-3237-3731
株式会社プレジデント社　個人情報保護管理者　経営企画本部長

この度はご購読ありがとうございます。アンケートにご協力ください。

本のタイトル

●ご購入のきっかけは何ですか?(○をお付けください。複数回答可)

1 タイトル　2 著者　3 内容・テーマ　4 帯のコピー
5 デザイン　6 人の勧め　7 インターネット
8 新聞・雑誌の広告（紙・誌名　　）
9 新聞・雑誌の書評や記事（紙・誌名　　）
10 その他(　　)

●本書を購入した書店をお教えください。

書店名／　　（所在地　　）

●本書のご感想やご意見をお聞かせください。

●最近面白かった本、あるいは座右の一冊があればお教えください。

●今後お読みになりたいテーマや著者など、自由にお書きください。

どうもありがとうございました。

例えばこんなケースです。

口コミ起業アカデミーにやってきた長谷部薫さんは、システムエンジニアの仕事をしながら、起業を視野にハーバリウムやポーセラーツのスクールに通っていました。

しかし、なかなか思うようにいかない様子だったので、「どんなことならできるの？」と聞いてみました。

すると「仕事全体の流れを把握して、タスクを洗い出すことならできます」と言うので、「それを仕事にしてみたら？」とアドバイスしました。

すると、「タスク管理？　それって誰でも当たり前にできることですよね。言われたことに優先順位をつけて期限通りにやればいいだけですから」と言うのです。

そこで、

「タスク管理って誰でも簡単にできることじゃないよ」

と伝えると、彼女はたいへん驚いた様子で、やっと自分の強みがタスク管理であることを自覚できたのです。

そこから、ある経営者のスケジュール管理を任されて、彼女の起業がスタートしました。

今では、仕事の整理と抜群のタスクコーチングが口コミで広がり、多くのクライアントを抱えて、月収50万円を安定して実現しています。

❷ 人からよく褒められる

人からの「褒め言葉」で自分の強みを見つける方法もあります。

「すごいね」「よくそんなことできるね」「さすが」と褒められた経験はありませんか？

そんなときには、「**この人は、自分のどんな面を見て褒めてくれたんだろう？**」と具体的にインタビューをしてみるといいでしょう。

例えば、「あなたって、人の話を聞くのが上手だよね」と言われたとしても、どこがどう上手なのかを自分で分析するのは難しいですよね。

そこで、「**私の聞き方のどんなところを、『上手』と思ってくれたんですか？**」**と尋ねてみましょう。**

「話を否定せずに、いったん受け止めるところ」

「どんなことを言っても、自分の価値観を押し付けてこないところ」

「途中で口を挟んだりせずに、最後まで話を聞いてくれるところ」

こんなふうに自分が「何気なくしていること」を言語化してフィードバックしてもらうと、「自分には、こんな『強み』があったのか」と気づくことができます。

そして、**「強み」を自覚することで、起業に活かしていこうという意識が生まれます。**

口コミ起業アカデミーにやってきた福田愛子さんも、友人や知人から「子育てをしながら、仕事も家事もおしゃれも楽しんでるよね。いったいどんな時間の使い方をしているの？」と聞かれたり、褒められたりしたそうです。

そこで、自分が当たり前にしていた「時間の使い方」を、美ライフスタイルプログラムという講座にしてみたところ大成功。今では月収50万円を稼ぐ人気講師になっています。

一人で強みを見つけるのはなかなか難しいですが、誰かと一緒なら見つけることができます。仲良しの友人や気の合う仲間と、お互いの強みについて、インタビューをし合ってみると、案外早く見つかりますよ。

❸ 教えられていないのにできる

人から教わったわけでもないのに「いつの間にか」できていることはありませんか？

「昔から、この人とこの人は気が合うだろうなぁって、すぐにわかるんだよね」

「子どもの頃から、初対面の人ともあっという間に打ち解けていたな。みんな初対面の人が苦手って言うけど、どうしてなんだろう」

「夏休みの宿題は、早めに終わらせるタイプだったな。その方が、後がラクだから」

幼少の頃、小学生、中学生、高校生、大学生、社会人と振り返って、誰から教えられなくても、

「ラクだからしてきたこと」

「その方が心地よくて、周りの人も喜んでくれるからしてきたこと」

を思い出してみてください。そこに、あなたの「強み」が隠れています。

例えば、私の事務を一手に引き受けてくれている日髙さんは、もともと新幹線の運転士でした。ですから、事務仕事を一切したことがありません。

しかし、小さい頃からノートをきれいにとるのが大好きだった彼女は、細かい作業が得意でミスもしない。彼女にとって、事務の仕事は強みを活かして、自然にできてしまう天職でした。

彼女のサポートなしに、私のビジネスは成り立たないほど助かっています。

❹いくらやっても疲れない

私は人としゃべることが大好きで、1日に何十人と会って話しても疲れることがありません。

例えば、新型コロナウィルスの緊急事態宣言下で多くの人が不安を抱えていたとき、人の役に立ちたいと思った私は、一人あたり30分のコンサルティングを4日間ぶっ続けでやり、計120人としゃべったことがありました。

そのとき、スケジュール管理をしていたスタッフからこう聞かれたのです。

「さっきーさん、そんなにたくさんの人と話し続けて疲れませんか？」

そう言われて、

「そうか、こんなふうに朝から晩までしゃべっていると、たいていの人は疲れてしまうのか」

ということに気づいたのです。

息をするくらい自然にできることは、どんなにやっても疲れないもの。その4日間も話すのが楽しすぎて、あっという間に時間が過ぎていました。

つまり「**それ、やっていて疲れない？**」と言われたときに、「**全然疲れないよ**」と答えられることも強みなのです。

人と比べる必要はまったくありません。人と同じである必要もありません。

いくらやっても、疲れることなくサラッとできてしまうことを、見つけてみてくださいね。

❺「弱み」をひっくり返す

①～④で自分の強みが少しずつ見えてきましたか？

ここで「う〜ん、まだよくわからない」という人に質問です。

「あなたの『弱み』は何ですか？」

と聞かれたら、どう答えますか？

「強みが見つからない」という人の場合、「弱みを教えてください」と聞くと「待ってました！」とばかりにたくさん挙げてきます。

人は、「いいところ」よりも「ダメなところ」に目が向きやすいもの。ダメなところの方が、他人から指摘されやすく、印象に残りやすいからです。

ならば、その弱みを、強みを見つけるために使ってみましょう。

やり方はとても簡単。**弱みの反対を考えればいいのです。**

とはいえ、「一人きりで反対を考えるのは……」という人のために、これまで私が応援してきた女性起業家のみなさんがよく挙げる弱みと、そこから導き出される強みを91ページの表で紹介します。

弱みがあるからこそ強みが光ります。弱みと強みはセットです。良い悪いではありません。

ですから、弱みを見つけたらしめたもの。思いっきり反対にひっくり返してみましょう。

そこには、必ず「強み」が隠れています。

強みとは、

「人から教えてもらっていないのにできること」

「当たり前にできること」

「そうした方が楽だからしていること」

「ついやってしまうこと」

「たいしてエネルギーを使わなくてもできること」

です。

強みのない人はいません。

自分一人で見つけられない人は、「もし、私にお願いするならなんですか？」と周りの人に聞いてみましょう。

「弱み」をひっくり返すと「強み」になる

弱み	強み
失敗したら落ち込みやすい	「もっと成長できるはずだ」と自分に期待できる
人の顔色をうかがってしまう	人に興味を持てる
考えていることを言葉にできない	あらゆる場面を想定して思考を深めることができる
内向的だ	自己理解ができる
アドバイスを素直に受け入れられない	「こうしたい」という強い意志がある
チャレンジや冒険ができない	リスクを回避して、慎重に計画を立てることができる
自分をすぐに責めてしまう	行動を冷静に振り返って、改善策を考えることができる
考えずに行動してしまう	先延ばしにすることなく、物事を前に進める行動力がある
計画や段取りを立てるのが苦手	臨機応変な対応ができるので、アドリブに強い
ついネガティブな結末を想像してしまう	失敗しないための方法を考えることができる
人に頼るのが苦手	成し遂げる力があり、人から信頼されやすい
がんばりすぎて疲れてしまう	目の前のことに辛抱強く向き合うことができる

お客様が買いたくなる商品は、こうしてできる

「自分にできること」が商品になる

自分の強みが見つかったら、強みに「能力」を掛け合わせましょう。能力とは、時間をかけて取得したもので、「もともとできなかったことができるようになった」すべてのことです。

「強み」×「能力」＝「自分にできること」

「自分にできること」こそが、口コミ起業における「魅力的な口コミ商品」の源泉になります。

ここからは、「強み」×「能力」＝「自分にできること」で商品を作り、成功した女性の事例を紹介していきます。

西木治子さんは、起業する前にエステサロンで働いていました。そこでエステの基礎を学びお客様がついたため、起業するならエステと決めていました。

起業するにあたり、自分自身を分析したところ、

「どんな人の話も聞ける包容力がある」

「居心地のよい空間作りができる」

という強みを見つけました。

そこで、「こんなふうにしたら、リラックスして施術を受けられるだろうな」という空間を、お客様視点で考えました。

すると、サロンを訪れた人が口々に、「居心地がいい！」と褒めてくれるようになり、お客様がお客様を呼んで、口コミだけでお客様が集まるようになりました。

それればかりか、同業のエステティシャンから、「居心地のいいサロン作りを

プロデュースしてほしい」とオファーされて、「**サロン作りのプロデュース**」も始め、ビジネスの幅がどんどん広がっています。

まさに、「身につけてきた能力と、もともと持っていた強みが噛《か》み合った」ことでうまくいった成功例です。

「強み」がわからないまま起業して失敗した書道教室の先生

もう一人、今度は失敗事例をご紹介しましょう。

安田舞さんは、子どもの頃からずっと書道を習ってきました。

その甲斐あって、彼女の字を見た人からは、口々に「字が上手だね」「私もこんな字が書きたい」と言われたそうです。

そこで「書道教室を開こう！」と思って起業したところ、すぐにお客様が集まりました。

しかし、そこで彼女は気づいてしまったのです。人に教えるのが楽しくないということに……。

字をうまく書くことと、人に教えることは別です。

書道教室では、正しい筆の持ち方、筆圧の調節、筆の角度から、線の書き方やストロークの練習まで、細々としたことを人に教えなければなりません。

しかし、書道そのものが好きだった彼女は、人に教えることが苦しくてたまりませんでした。

困った彼女は、やっと自分の強みを探し始めました。

そして、

「どんな場所でも集中して書くことができる」

という強みを見つけたのです。

そして試しに、言われた言葉を「**即興で色紙に書く**」ということをやってみました。

すると、あまりにすごい気迫で全神経を集中させて書く様子に、見ている人がぐいぐい引き込まれて「私にも書いてほしい！」とオファーが殺到するようになったのです。

そこから企業や店舗のロゴを書くようになり、今ではシンガポールやパリで書道パフォーマンスをするなど、書道家としての新たな境地を切り開いています。

これらの事例からもわかる通り、
「強み」×「能力」＝「自分にできること」を商品にすれば、初めての起業でも必ずうまくいきます。

SNSよりも、集客よりも重要なのは、「自分にできること」を商品にすることです。

「強み」のない人は、この世に一人もいません。ぜひ、隠れている自分の「強み」を見つけて商品作りに活かしましょう。

口コミ商品のコンセプトを作ってみよう

商品コンセプトが「たった3分で完成」するマジックワード

長く続く企業に「企業理念」があるように、売れる商品やサービス作りにも「商品理念」、つまり「商品コンセプト」が必要です。

例えば、Apple社なら「革命的なデザインとシンプルな使いやすさ」というコンセプトのもと、iPhoneやMacBookなどを生み出し、市場での競争力を高めています。

自然派コスメブランドなら「厳選した天然成分だけを使用した美容製品」というコンセプトを打ち出すことで、環境に敏感な自然志向の消費者にアピールすることができます。

「商品コンセプト」は、商品の定義を明確にしてブランドを構築し、顧客にアピールして「価値」を提供する上で欠かせません。

と、ここまで書くととても難しそうに思えるかもしれませんが、口コミ商品作りではとってもカンタン。次の文を完成させるだけです。

たったの「3分」でオリジナル商品のコンセプトができあがります。

早速やってみましょう。

「私の商品は、
△△な困りごとを抱える人の悩みを、
○○の方法で解決できる□□です」

例えば、こんな感じです。

「私の商品は、仕事や家事、育児で毎日疲れ切っている女性が、時間をかけず、冷蔵庫にある食材でパパッと料理を作れるようになるための時短料理教室で

す」（椎名彩梨紗さん・30代女性）

「私の商品は、写真に写った自分を見るのが嫌な女性のために、撮影前に自信を持ってカメラの前に立てるような、写真撮影前専門のボディメイクエクササイズです」（中村奈津子さん・40代女性）

「私の商品は、『会社に縛られない自分になりたい』という悩みを抱える30〜40代の女性に向けて、自分らしく働くための副業・起業の方法を一緒に見つけるビジネスコーチングです」（吉田れんさん・40代女性）

「私の商品は、一歩踏み出せない人の背中を押して、笑顔で最初の一歩を踏み出すお手伝いをする笑顔の人生プロデュースです」（坂本朝美さん・50代女性）

いかがでしょうか？　これらは、口コミ起業アカデミーに参加してくれた受講生の商品コンセプトです。

どんなお客様が対象になるのかが具体的にイメージでき、お客様がどんな未来を得られるのかがはっきりしています。

商品コンセプト作りに役立つ3つの質問

「そうはいっても、商品コンセプト作りがなかなかできない」という方は、次の3つの問いに答えてみましょう。

- **どんな「悩み」を抱えるお客様を助けたいと思っていますか?**
- **商品やサービスを買ったら、「お客様の未来」はどうなりますか?**
- **どのような「形式」でお客様をサポートしますか?**

最後の「形式」とは、セミナー、講座、教室、カウンセリング、コンサルティング、サロン、オンライン講座、対面物販、非対面物販のことです。

「商品コンセプト」がはっきりすればするほど、お客様は商品やサービスに魅

この商品で
お客様の未来は
どうなるんだろう

力を感じてくれます。

大切なことは、コンセプト作りをするときに、人の商品やサービスと比較したり、自分で自分にダメ出しをしたりしないこと。

自分ができることを納得いくまで考えていけば、自分だけの「口コミ商品のコンセプト」が必ずできあがります。

口コミ商品に不可欠な3つの要素

商品になるのは、3つの要素が重なるところ

商品コンセプトが決まったら、いよいよ「口コミ商品」を作っていきましょう。

「口コミ商品」を作るためには、3つの要素が必要です。

- **「自分がやりたいこと」**
- **「自分にできること（＝第2章で見つけた「強み」×「能力」）」**
- **「お客様が求めていること（ニーズ）」**

この3つの要素が重なるところが、商品になります。

3つの要素が重なったところが商品になる

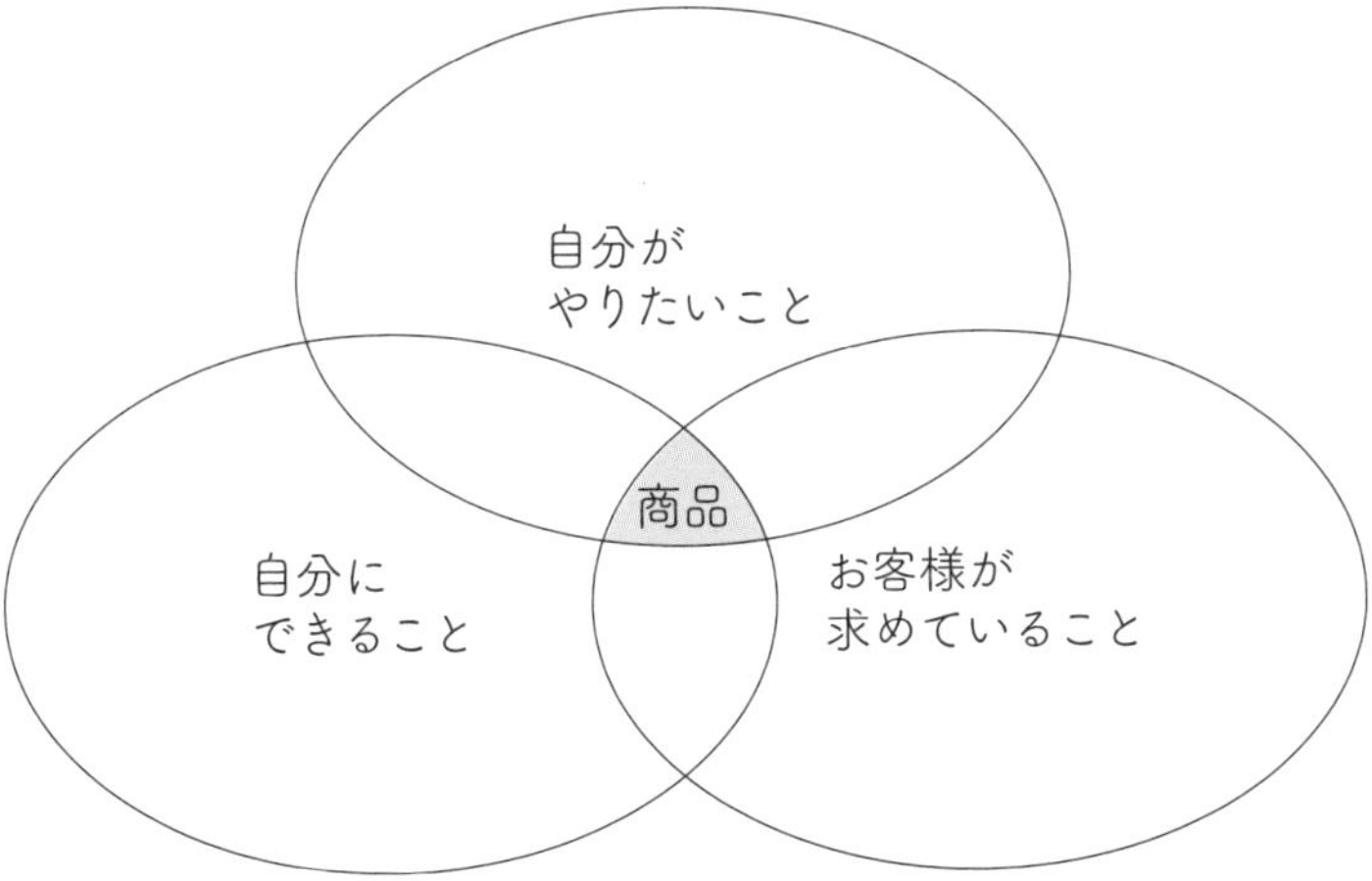

❶「自分がやりたいこと」

ズバリその言葉の通り、その商品やサービスを自分が心からやりたい、売りたいと思えるかどうかということです。

「やりたい」と思えるかどうかは、ビジネスを続けるモチベーションに関わってきます。

❷「自分にできること」

「強み」×「能力」のことです。自分には、どんな強みと能力があって、何ができるのかを明確にできれば、無理なくビジネスを続けられ、目の前のお客様のニーズにも自然に対応できます。

❸「お客様が求めていること」

お客様の期待、要望、願望、つまり「ニーズ」です。

ビジネスは、お客様があってこそ成り立ちます。起業家として、どんなお客様のどんなニーズに応えたいのか、商品作りをするにあたって考えてみましょう。

ここがはっきりすると、自分がお客様のために「やるべきこと」がブレなくなり、無駄がなくなります。

自己満足の商品を作るとお客様が離れていく

なぜ、3要素がそろわないとダメなのか？

正直に言うと、3つの要素のうち、②「自分にできること」、③「お客様が求めていること」があれば、ビジネスとしては成り立ちますし、お金も入ってきます。

しかし、①「自分がやりたいこと」がないとモチベーションが続かないのです。

一方で、①「自分がやりたいこと」を優先しすぎると、「独りよがりの商品」になってしまい、お客様の存在が薄くなっていくリスクが出てきます。

そこで、この3つの要素がバランスよく重なるところで、商品やサービスを作っていくことがポイントとなるのです。

次のステップでは、この3つの要素を明確にしていくための、ワークを紹介します。

シンプルなワークですので、リラックスできる場所で肩の力を抜いてチャレンジしてください。

要素1

「自分がやりたいこと」を見つけるワーク

まずは、「自分がやりたいこと」を見つけるためのワークを紹介します。

《質問》 好きなもの（人、物、ことなど）を5つ挙げて、その理由も書いてください。

109ページの表を参考にすべて書き出してみましょう。終わったら、よく出てくる言葉や共通していることを「3つ」ほどチェックします。

好き、嫌いという感情は、自分ではコントロールできません。

ですから、好きなものは好きだし、嫌いなものは嫌い。あらためて理由を考えることは滅多にありません。

しかし、ここで一度、自分が好きなものと、その理由をはっきりさせてみるのです。

そうすれば、「やりたいこと」だけを選べるようになり、「やりたくないこと」でストレスを溜《た》め込むということがなくなります。

「自分がやりたいこと」を見つけるためには、自分が日々、生きていく上で何を大切にしているか、モチベーションを発揮できる対象は何かを棚卸ししていくことが近道になります。

しかし、自分が大切にしていることというのは、なかなか言語化する機会がありませんよね。

口コミ起業をするときには、何を大切にしたいのかをはっきりさせて、言語化できるようにしておくと、「自分がやりたいことは何なのか」と悩んだときに、道に迷うことがなくなります。

人は、何気なく生きているようで、必ず「やりたいこと」をやっています。

「やらなくてはならないこと」がたくさんあったとしても、時間を見つけては「やりたいこと」をやっています。「やりたい」という思いに気づかないまま、自然とやってきたことがあるはずです。

そして、そこには必ず「ある傾向」があります。

「私って、いつもこれをやっているな」

「つい、こういうことに惹《ひ》かれてしまう」

「○○については、無条件に『好き！』『やりたい！』と思ってしまう」

一貫性がないと思っていた趣味や嗜好《しこう》、時間の使い方にも、必ず共通点が見つかります。商品やサービスを作るときは、そこから大きく外れたものを作らないようにすればいいだけなのです。

「やりたい」という気持ちを大切にすることが、口コミ起業成功の第一歩です。

口コミ起業アカデミー生の種子島久弥子さんの事例を、「自分がやりたいこと」「自分にできること」「お客様が求めていること」の順に表にまとめました。

一人でワークをするのが不安な場合は、114ページ以降の解説を参考にしながら、ワークを進めていくといいでしょう。

〈表1〉「自分がやりたいこと」を見つけるワーク

※種子島久弥子さんの例

好きなもの・こと5つ	理由（複数可）
洋服	・人に与える印象が**変わる**から**自分を変えられる**気がする ・好きな色を着ると**リラックスできる**
コスメ	・**キレイ**になって気分が上がる ・かわいくもかっこよくも自由に**自分を変えられる**
水泳	・泳いでいると無心になれる ・水に浮くことで**リラックスできる**
買い物	・新しい物を手に入れることで**自分を変えられる**気がする
かわいいキレイな物	・見ていると、自分もかわいく**キレイ**になれる気がする ・幸せを感じる

要素2
「自分にできること」を見つけるワーク

次は、「自分にできること」です。これは76〜91ページで見つけた「強み」×「能力」がもとになります。

《質問》持っている資格はありますか？　ある場合は、資格名と取得理由を書き出してください。趣味や、長く続けていることでもOKです。

資格を取得したり、趣味を続けたりするのには大きなエネルギーが必要です。もし仕事や子育てをしながら取得したのだとしたら、相当なモチベーションが必要だったはず。

それでも取得したいと思ったのには、何らかの理由があるはずです。

そこに、「自分が何に価値を置いているのか」が隠れています。

お客様の未来をサポートしていくためには、自分の強みや能力を自由に引き出して活用する必要があります。

そのために、ここで自分の強みや能力をしっかりと把握しておきましょう。

〈表2〉「自分にできること」を見つけるワーク

※種子島久弥子さんの例

持っている資格（取得理由）	・色彩検定３級（ファッションデザイン科に在学していたため）
趣味	・ダンス ・女性のキレイを見つける ・温泉めぐり
ずっと続けてきたこと	・日本舞踊（歴6年） ・百貨店勤務の美容部員（歴17年） ・美肌の追求

要素3
「お客様が求めていること」を見つけるワーク

3つ目は、「お客様が求めていること」、つまりニーズ探しです。

次の5つの質問に答えて、お客様があなたに求めるものを見つけていきましょう。

《質問1》 どんな悩みを抱える人を助けたいですか？
《質問2》 それはなぜですか？
《質問3》 その人の未来がどうなっているのが理想ですか？
《質問4》 その人は、どんなサポートをしたら喜んでくれますか？
《質問5》 その人は、どんなお金の使い方をしていると思いますか？

商品を作るにあたっては、お客様をイメージしていきます。具体的にお客様をイメージすることで、最適な商品の形もはっきりしてきます。

〈表3〉「お客様が求めていること」を見つけるワーク

※種子島久弥子さんの例

誰（どんな人）を助けたいですか？	・可愛くキレイになって、人生をより豊かにしたいと思っている女性 ・周りとの差をつけたいと思っている女性
それはなぜですか？	・私もそうありたいと思うから
その人の未来がどうなったら最高ですか？	・可愛くキレイを叶えて変化し、自分に自信をつけたり行動が変わり、仕事もプライベートも豊かに幸せになってもらえたら最高
どうしてあげたら喜んでくれると思いますか？	・キレイになる方法を伝え、自らキレイを作れる日々を過ごし、変化できたら
お客様はどんなお金の使い方をしていると思いますか？	・自分をアップデートするためや、ワクワクすることに喜んでお金を使う

3つの要素を掛け合わせたら口コミ商品のできあがり

商品作りは、ざっくりでOK！見切り発車でOK！

3つのワークが終わりましたね。

それぞれのワークで書き出した答えを、あらためて見つめてみましょう。そして、もう一度左の図を眺めてみてください。

図を見ながら、

「自分がやりたいこと」「自分にできること」「お客様が求めていること」の3つの要素を含んでいる商品やサービスが、どんなものになるのかを考えていきます。

「なんとなく、こんな商品やサービスかな」というイメージでOKです。

3つの要素が重なったところが商品になる

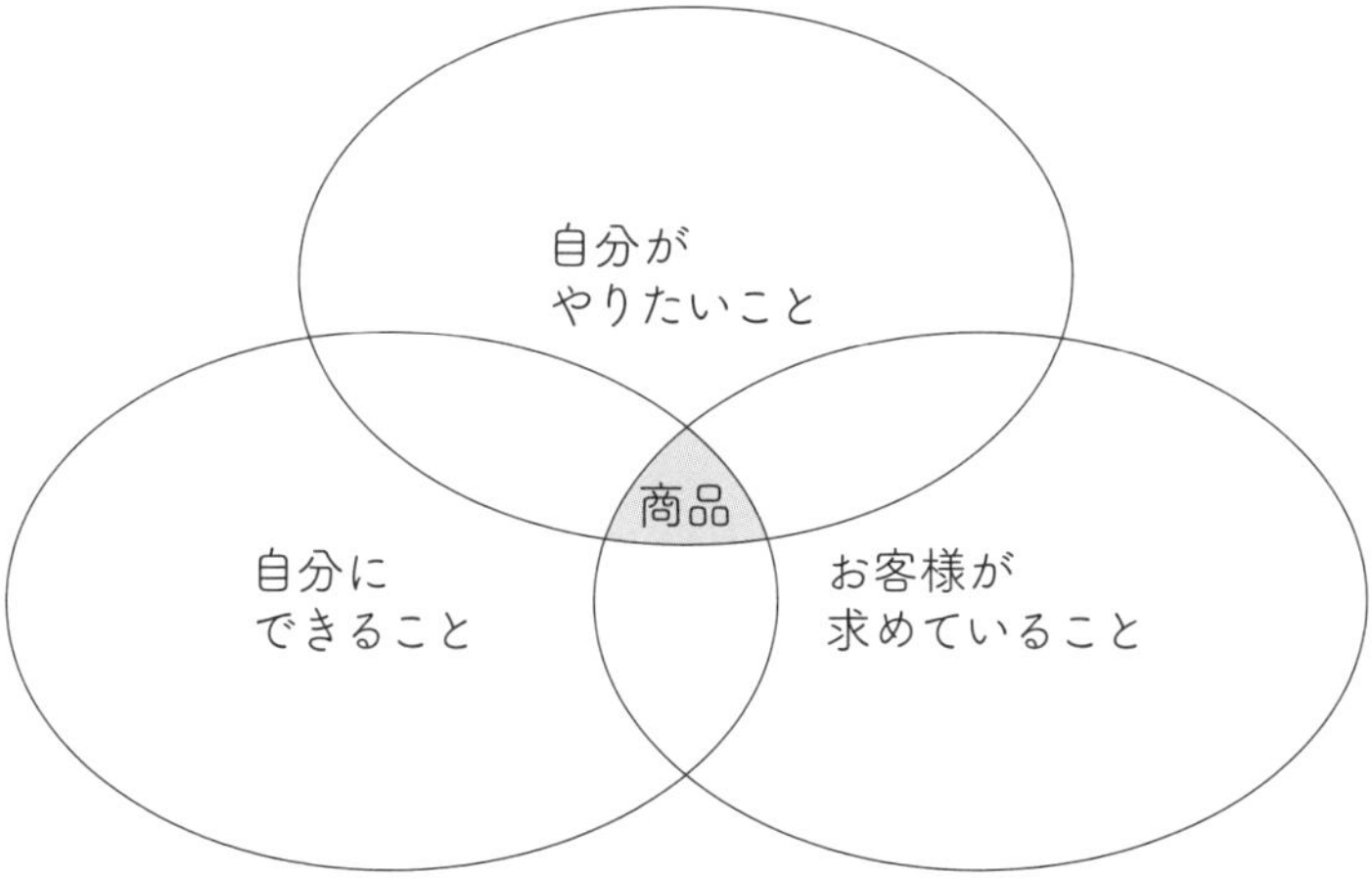

とはいっても、「いきなり一人でイメージしていくのは難しい」という人のために、109〜113ページの表にあった種子島久弥子さんの例から、一緒に見ていきましょう。

種子島さんは、実際に口コミ起業で大成功しています。

ただ、最初から起業がうまくいったわけではなく、まじめな性格から我慢や無理を重ねてしまい、どうしたらいいかわからなくなって、口コミ起業アカデミーに来た女性の一人です。

「自分がやりたいこと」の表で、繰

り返し挙がっていたのは、
・自分を変えられる
・リラックスできる
・キレイ
の3つのキーワードでした。

そして、「自分にできること」の表で気になるのは、右の3つのキーワードとの関連性から、趣味で「女性のキレイを見つけること」と、ずっと続けてきた「日本舞踊」「百貨店の美容部員」です。

このことから、百貨店の美容部員だった種子島さんは、美容アドバイスや女性をキレイにするのが大得意ということになります。

最後の「お客様が求めていること」の表では、「キレイになること」と「周りとの差をつけたい」という要望に応えたいわけです。その結果、「お客様が豊かで幸せになってくれたら最高！」と思っていることがわかります。

つまり、

「変わりたい、周りとの差をつけたい」

と思っているお客様に、

「今までとは違う自分になれるメイク」

を提供することが、３つの要素が交わる部分です。そして、種子島さんとお客様の願いが一致しており、オリジナルの商品になりそうだなと感じられます。

商品やサービス作りのコツは、ざっくりでＯＫ！　見切り発車でＯＫ！　でしたね。

ここから始まった種子島さんの口コミ起業も、美容クリエイターとして月収２００万円を達成し、大成功しています。

今では、

「出会いが変わり、人生が変わるメイク術」

を教えながら、多くの人の人生が好転するお手伝いをして、喜ばれています。

人生が変わるということは、「出会う人や付き合う人が変わる」ということ。

女性は、キレイになると自信がつき、表情が変わります。

表情が変わると、今まで素通りされていた人から、関心を寄せられたり、声をかけられたりするようになります。

商品作りの実例集

	お客様が求めていること	経緯	口コミ商品の内容
	家事と育児と仕事に忙殺されない生活を送りたい	起業当初は料理教室を検討。口コミ商品作りワークで「家事と育児の段取り」「マルチタスク」「時間を無駄にしない」「効率のいい習慣を作る」が、自分にできることだと気づく	「ママ起業家のための習慣化プログラム」→月2回、全6ヶ月コースのマンツーマンコンサル30万円
	「やりたいこと」をやる時間を確保したい	会社員時代に「タスク管理」「予定を組み立てる」「締切を設定する」が得意だと気づき、「やりたいことがあるのに何から始めればいいかわからない人」「優先順位が決められない人」のサポートを考える	・「タスクコーチング」→全6回、10万円のコーチングプログラム ・「タスクコーチング養成講座」55万円（アップグレード版）
	伴走してほしい／一緒に答えを探してほしい	お世話好きで、初対面の人ともすぐに打ち解けて、その日のうちに一緒に温泉に行くことができる。友達を家に呼んで料理を振る舞ったり、家に泊めて朝まで話を聞いたり、友達の写真を素敵に撮ってあげたりするのが大好き	「とことん自分の面倒を見てほしい人」に向けに、月に数日を一緒に過ごす「ミキティプログラム」を77万円で作ったところ、5人の申し込みあり
	子どもたちへの英語の教え方を知りたい	英語を教えることが得意だったので、中学生の英検対策を専門にした英語教室を検討していた。ただ、本人は大人を対象にしたマンツーマンの教室を希望	中学生に英語を教える先生を対象に、英語講師養成講座を考案。口コミで「英語の先生になりたい」というお客様から申し込みがどんどん入る

「口コミ起業」

名前（年齢）	入塾した時の月収	入塾して6ヶ月後の月収	現在の月収	自分がやりたいこと	自分にできること
福田愛子さん（45歳）	10万円	50万円達成	2年経過月50～100万円が安定	忙しいママ起業家のサポートをしたい	体を整える料理を教える／段取りをつける／マルチタスク／時間の節約／時短習慣を作る
長谷部薫さん（36歳）	会社員で副業0円	100万円達成	1年経過月50万円。会社を退職して独立	人のサポートがしたい	タスク管理／予定を組み立てる／締切を設定する／優先順位を決める
村山美貴さん（47歳）	10万円	60万円達成	2年後月50～100万円	人の面倒をとことん見たい	初対面の人とすぐに打ち解ける／料理を振る舞う／人物写真を撮る／人の話を聞いて励ます／人間関係に好き嫌いがない
辻野好恵さん（44歳）	20万円	50万円達成	1年経過月平均80万円	マンツーマンで大人に教えたい	「教え方」を教えることができる

※年齢は、書籍発刊時点のもの

	お客様が求めていること	経緯	口コミ商品の内容
	他のお店や教室と差別化できるオリジナルの商品を開発したい	「ヴィーガンスイーツ」の教室を18年間ほど開いていたが、月に10万円も稼げなかった。口コミ商品作りのワークをしてみたところ、オリジナルのレシピを200種類も持っている強みに気づく	お菓子屋さんやケーキ屋さん、カフェを開きたいと思っている人や開いている人に向けて、商品プロデュース→月収100万円に
	その他大勢から頭一つ抜けたい／会うだけで信頼される経営者になりたい	百貨店で紳士服販売の仕事を10年経験。お客様である経営者のほとんどが、「その他大勢から頭一つ抜けること」を求めていることに気づく	「会うだけで選ばれる男性になるための方法」という50万円のコンサルを販売。現在はセレクトショップの依頼を受けて、スタイリストの養成もスタート
	子どもたちを承認するメソッドを知りたい	「書道教室」を長年続けている中で口コミ商品作りのワークを受講。教え子全員の成績がぐんぐん上がっていることがわかった。 なぜかを考えたとき、「子どもたちを徹底して承認しているからだ！」と気づき、自分の承認のメソッドを広げたいという願望を抱くように	「承認力セミナー」というセミナーを作って29万円で販売。書道教室の評判を聞きつけた人が集まり、最高月収140万円を達成
	個人、自宅サロンでどうやって売り上げていけるのかを知りたい	自宅サロンを始めて5年経った頃「どうしたら自然とリピーターのお客様が増えますか？」と聞かれることが増えた	「サロンプロデュース講座」という自宅サロンオーナー向けの経営講座をスタート。最高月収280万円を達成

名前（年齢）	入塾した時の月収	入塾して6ヶ月後の月収	現在の月収	自分がやりたいこと	自分にできること
中村裕子さん（54歳）	0～10万円	80万円達成	1年経過月平均50万円	商品開発に携わりたい	オリジナルのヴィーガンスイーツのレシピを考えられる／お店や教室のコンセプトに合った商品を開発することができる
角暢子さん（51歳）	20万円	80万円達成	2年経過月100万円	その人に合ったスタイリングや見せ方の提案をしたい	信頼される男性経営者になるためのスタイリング／その人に合ったスタイリングや振る舞い方を提案する
伊月優さん（46歳）	33万円	80万円達成	2年経過月80万円	子どもたちを承認することの素晴らしさを多くの教育者に伝えたい	子どもたちを承認すること／子どもたちの可能性を引き出すこと／人に教えること
西木治子さん（35歳）	5万円	80万円達成	2年経過月50～80万円	個人、自宅サロンで自分がやりたいことをカタチにしてお客様に喜ばれ、自由な働き方ができることを伝えていきたい	その人らしさを前面に出して唯一無二のオリジナルを作ること／自信のないサロンオーナーが自分の強みを認めて売上につなげること

※年齢は、書籍発刊時点のもの

そうなると、付き合う人が変わり、自分自身の行動が変わり、人生までも変わっていきます。

種子島さんは、そうした変化をお客様とともに楽しんでいるのです。

どうでしたか。

最初から実績のある人はいません。事例の人を参考にしながら、自分なりのオリジナル商品を「ざっくり」とまとめていってくださいね。

第3章

お客様から「欲しい!」と言われる価格設定のコツ

口コミ商品の価格は3段階

お客様が自然と買いたくなる3つのメニュー表

商品やサービスの形が見えてきたら、次に作るのは「メニュー表」です。

マーケティングの世界では、お客様が段階的に商品を購入できるよう、商品の価格帯を戦略的に区分しています。

例えば、どんな人も高額な品をいきなり購入するのは不安があります。

そこで、高額商品を購入するまでのステップとして、

①「無料商品」で、あなたのことを知ってもらう

②「低価格商品」で、試しに商品を購入してもらう

③「高価格商品」で、お客様にとって最も価値あるものを提供する

という流れを作っていきます。

①を「フリー商品」、②を「フロント商品」、③を「バックエンド商品」といいます。

〈すべての入り口となる「フリー」商品〉

お客様との信頼関係を構築するための商品です。

無料体験会やモニター募集、メルマガやSNSでお役立ち情報を流す、いわゆる自分のビジネスを知ってもらうための商品です。「フリー（無料）」で提供します。

フリー商品は、収益を上げるのではなく、自分のことを知ってもらったり、「この人、信頼できそうだな」「気になるな」「魅力的だな」とお客様に思ってもらうことが大きな目的です。

イメージとしては、**自己紹介活動**に近いものです。

〈お試しで買ってもらう「フロント」商品〉

ひとまず1回だけ商品を買ってみたい、使ってみたい、あなたに会ってみたいと考えているお客様に向けた商品です。

商品を売る側としては、「一度私の商品を買ってもらえれば、必ず価値が伝わるはず！」と、興味のある人に**自分のビジネスの価値を伝えるきっかけを作る商品**ともいえます。

例えば、「お試し講座」「初心者コース」「ビギナー講座」「1Day教室」「単発カウンセリング」「体験エステ」がそれにあたります。

〈最も価値あるものを提供する「バックエンド」商品〉

自信を持ってお客様におすすめできる**「本命の商品」**です。

お客様の未来を継続してサポートする最も効果的な商品であり、売る側としても、最も大きな売上が見込めます。

多くの場合、「フロント」商品を買って価値を認めてくださったお客様が申し込んでくれます。

フリー商品、フロント商品、バックエンド商品の違い

	価格	商品の目的	商品の内容
フリー商品	無料	自己紹介	無料体験会 モニター募集 メルマガ、SNSなど
フロント商品	3000～ 5000円	お試し商品	お試し講座 初心者コース 1Dayセミナー　など
バックエンド商品	10万円以上	本命商品	6ヶ月講座 3回連続コンサル 月1回、半年カウンセリングなど

※商品はバックエンド→フロント→フリーの順番で作る

例えば、「6ヶ月講座」「3回連続コンサル」「3ヶ月アドバンス教室」「エステ10回券」「月1回、半年カウンセリング」など、お客様の未来に本気で関わっていくための商品です。

「高価格商品《バックエンド》」↓「低価格商品《フロント》」↓「無料商品《フリー》」の順で作ろう

フリー商品は、絶対最初に作ってはいけない

起業したばかりの女性に、「フリー」「フロント」「バックエンド」という3段階の商品設計について説明すると、必ずといっていいほど、みなさんフリー商品から作ろうとします。

フリー商品とは、ブログやSNS、メルマガでのお得情報の配信や無料セミナー、無料カウンセリングといったものです。

ところが、フリー商品から作って案内してしまうと、ほとんどの人が途中で挫折します。

なぜかというと、**無料の商品を提供し続けるというサイクルから抜け出せな**

くなるからです。

人がものを買うときの心理として、無料で商品やサービスを提供され続けていると、それが当たり前になってしまい、有料の商品を買うハードルがグンと上がってしまいます。

「ずっと無料だったのに、いきなり有料と言われても……」と思ってしまうからです。

そうすると、お金を払ってもらえないまま、永遠に無料商品を提供し続けることになります。それでは、ビジネスとして成立しませんし、収入がないまま疲弊してしまうばかりです。

とはいえ、これから起業しようという人が、

「自分なんかにお客様が来てくれるだろうか？」

「一人も買ってくれなかったらどうしよう？」

と不安に思ってしまうのはよくわかります。

それでも、**最初に無料商品を作って、すぐに提供するのは絶対にＮＧ！**です。

「無料モニターではは人が集まるんですけど、有料にしたとたんに誰も来なくなってしまいました」

というパターンが実際に多いからです。

フリー商品とは、あくまで商品の自己紹介。

バックエンド商品がしっかりあって、初めて生きる商品なのです。

「フリー商品は必ず最後に作る」

これをしっかりと心に留めておいてください。

バックエンド商品こそ最初に作るべき商品

では、どの商品から作っていけばいいのかというと、最も価値ある商品である「バックエンド」商品からです。

バックエンド商品とは、「お客様の問題を解決」し、さらに「お客様の本当の望みと理想を叶える」一番価値のある商品です。

ですから、最初に最も価値あるバックエンド商品を考え、その後、フロント商品、フリー商品を考え、バックエンド商品に申し込んでもらうための流れを作る必要があります。

なぜなら、お客様の本当の問題解決や理想を叶えることは、最も価値あるバックエンド商品でしか実現しないからです。

フリー商品、フロント商品の最終的なゴールは、バックエンド商品を申し込んでもらうこと。ここを忘れないでください。

時給20円!?
フリー商品から作ったことで起こった悲劇

ここまで書いても、やっぱり「高額商品を作るのは気が引ける」という人は、多いと思います。

そこで、自分のビジネスにとって、最も大切なことは何かを考えてみましょう。

例えば、どんなにたくさんのお客様が申し込んで満足してくれても、みなさんのビジネスそのものが立ち行かなければ、サービスをやめるしかなくなります。

それは果たしてお客様のためになるのでしょうか？

お客様に喜んでいただくために始めたビジネスのはずなのに、お客様の役に立つことができなくなってしまう……これでは本末転倒です。

ここでは、フリー商品を最初に作ってしまったために、時給20円で働くことになった椎名彩梨紗《ありさ》さんの例を紹介しましょう。

口コミ起業アカデミーの生徒である椎名さんは、もともと料理教室で起業することを考えていました。

そこで「料理教室を主催するのは初めてのことだから、できるだけ安い値段で教室を開かなければ」と考え、「週1回、全21回の料理教室を合計2000円で提供する」という商品を作りました。

募集を開始すると、受講生が18人も集まりました。

しかし、ここで彼女は考え込んでしまいました。

「21回も講座をやるのに、売上はたったの3万6000円……」

彼女がそう思うのも無理はありません。教材作成などの事前準備に相当な労力と時間がかかっています。

なのに、21回で2000円ということは、1回あたりの受講料は200円以下……。

準備にかかった時間やコスト、教室の時間を含めると、時給はなんと20円です。

コンビニやファミレスでアルバイトをした方が何十倍も稼げます。

そこで私は、フロント商品とバックエンド商品を作ることを提案しました。

まず、1回3000円のフロント商品のお客様を募集したところ、20名の申し込みがありました。

この20名の中から、3ヶ月コース・14万3000円のバックエンド商品に申し込むお客様が5名も現れました。

これがきっかけで、今や最高月収200万円を超える起業家になりました。

お客様が自然と商品を買いたくなる導線の作り方

私と出会うまでの椎名さんは、フリー商品→フロント商品→バックエンド商品の順で商品を作っていました。

それを、バックエンド商品→フロント商品→フリー商品の順に変えたことで、お客様のステップアップの道筋が明確になり、商品の申し込みがしやすくなったのです。

こう書くと「椎名さんの場合は、バックエンド商品の申込者が5人もいたけど、私の場合1人、2人しか来ないかもしれない」と考える人もいるでしょう。

しかし、考えてみてほしいのです。

フロント商品が5千円、バックエンド商品が10万円だとしたら、それぞれ一人しか申込者がいなかったとしても、椎名さんが最初に提供した商品の3万6000円よりも売上は多くなるのです。

しかも、講座にかけるエネルギーや時間はほぼ同じどころか、人数が少ない分、一人ひとりのお客様に合わせた満足度の高いサービスが提供できます。

だとしたら、きちんとバックエンド商品を作ってから案内した方が効率的ですし、お客様の満足度も上がります。

ですから、**お客様が申し込みしやすい導線を作ることは「義務」です。**

そこそこのクオリティのフリー商品・フロント商品だけを提供して、「あとは自分でやってください」ではダメなのです。

きちんとバックエンド商品までの道筋を整え、**お客様の問題解決・理想を叶える「覚悟」を決めること。**

これが「口コミ起業　価格設定の秘訣」です。

商品を高額化できる5つの質問

売れるバックエンド商品を作るために必要な「ABC理論」

それでは、実際にバックエンド商品を作ってみましょう。

バックエンド商品は、「ABC理論」という商品作りの基本を活用すると、すぐにできます。

A【お客様はどんな人で、どうなりたいと思っているのか？】

↓

B【お客様の問題を解消したり、理想を叶えたりするのはどんな商品か？】

（＝バックエンド商品）

↓
C【お客様にとってどんないいことがあるのか？】

A↓B↓Cの「流れ」がわかりやすくなればなるほど、起業はうまくいきます。あくまでも、BはAがCになる手段の一つだということです。

そこで、自信を持ってお客様に提供できるバックエンド商品を作るために、次の「3つのワーク」をしてみましょう。

〈売れるバックエンド商品を作るワーク（その1）〉

次の5つの質問に回答し、紙に書き出してください。

質問1　お客様が理想の未来を手に入れるまでに、どれくらいの期間がかかりますか？（例）3ヶ月

質問2　商品やサービスは、どこで受けられますか？

※オンラインか対面か？　開催地はどこか？　自宅かサロンか？　など

（例）リアルセミナー

質問3　どんな内容の商品やサービスですか？

（例）本当にやりたいことを仕事にするプログラム

質問4　その商品やサービスをいくらで提供しますか？（例）39万円

質問5　その商品やサービスをどんな形式で提供しますか？

※セミナー、講座、教室、カウンセリング、コーチング、コンサルティングなどの形式や、1対1か複数人が対象かなど

（例）講座とコーチング

〈売れるバックエンド商品を作るワーク（その2）〉

ワーク1で書き出した回答を眺めてください。

その商品やサービスで、お客様は本当に理想の未来を手に入れられますか？

また、その商品やサービスを1回買っただけで、理想の未来は叶いそうですか？

それを踏まえた上で、ワーク1の質問の回答に修正が必要な場合は書き直し

てみてください。

〈売れるバックエンド商品を作るワーク（その3）〉

ワーク2で書き直した場合は、もう一度回答を眺めてください。

お客様に、自分のバックエンド商品を買っていただければ、必ず理想の未来を手に入れられると自信を持って言い切れますか？

このように、5つの質問の答えを繰り返してブラッシュアップしていくと、バックエンド商品がより立体的に見えてきます。

こうすることで、次第に自分の商品に自信が持てるようになり、最終的にはお客様に自信を持って提供することができるようになります。

「フロント商品」と「フリー商品」の大切な役割

フロント商品はバックエンド商品への入り口

バックエンド商品の次は、フロント商品を作るでしたね。

こちらはバックエンド商品を作ったときと同じ質問に答えていくだけで、簡単に作ることができます。

バックエンド商品が気になっているお客様に、どんなフロント商品を提供すると、買いやすくなると思いますか？　次の5つの質問に回答してください。

質問1　お客様が理想の未来を手に入れるまでに、どれくらいの期間がかかり

ますか？

質問2　商品やサービスは、どこで受けられますか？

※オンラインか対面か？　開催地はどこか？　自宅かサロンか？　など

質問3　どんな内容の商品やサービスですか？

質問4　その商品やサービスをいくらで提供しますか？

質問5　その商品やサービスをどんな形式で提供しますか？

※セミナー、講座、教室、カウンセリング、コーチング、コンサルティングなどの形式や、1対1か複数人が対象かなど

フロント商品は、バックエンド商品という「自分の商品やサービスの中で最も価値があるもの」を構築した後の方が作りやすくなります。

「フロント商品はバックエンド商品への入り口」という位置付けで考えていきましょう。

フリー商品はデパ地下の試食

最後に作るのはフリー商品です。

フリー商品は**「無料でプレゼントできるもの」**と考えてください。内容は、メルマガやSNSでの情報発信や無料小冊子、無料動画、お試し動画などです。

ここでは、お客様に安心と信頼をお届けします。

ただし、注意点が一つ。

フリー商品で、よく見かけるのが「無料モニター100人」をやってしまう人。これは、口コミ起業ではおすすめしていません。フリー商品を提供するたびに実労働をしてしまうと、キリがなくなり、自己肯定感が下がります。

無料で、手間をかけた商品やサービスを提供してしまうと、有料にするのにハードルが一気に上がり、なかなかお金がもらえなくなるからです。

ですから、フリー商品は情報提供程度、無料モニターはやっても5人までにとどめるようにしましょう。

お客様が「買いたくなる価格」がすぐにわかる3つの質問

値上げはOK！　値下げは絶対NG!!

ここまで来たら、あとひと踏ん張りです。がんばりましょう。
価格設定には、3つのルールがあります。

- 自分でも「買いたい」と思える価格にする
- 自分としても、それだけの金額をいただいてもいいと思えて、お客様が支払い可能な価格にする
- 値上げはいいけれど、値下げは絶対にしない

このルールを頭に入れて、「価格設定のための3つの質問」を自分に投げかけてみましょう。

〈価格設定のための質問　その1〉
「私は起業をするために、いくら使ってきたの？」

先ほど例に出てきた椎名さんは、自分で料理教室を開くために、料理を学ぶ講座に80万円を費やしていました。さらに、2つの起業塾で学んでいたので、起業をするために200万円は使っています。

人は、自分が払ったことがある金額までは、受け取ることができます。

ですから、彼女には200万円を受け取る器があるのです。

ところが、初めて起業をする女性は、「私は初心者だから」と安い価格設定をしてしまいがちです。

しかし、お客様にとってあなたが初心者かどうかは関係ありません。むしろ、初心者アピールをすると価値が下がってしまいます。

あなたは、起業では初心者かもしれませんが、それまでたくさん準備をして、スキルも技術も手に入れています。そこにかけた時間と金額を振り返って、価格設定をしていきましょう。

〈価格設定のための質問　その2〉
「実際のところ、この商品やサービスでいくら欲しい？」

自分に自信が持てないと、いくら周りから「それじゃ安すぎるよ！」と言われても、なかなか価格を上げることはできません。

椎名さんにも、「21回で2000円は安すぎるよ」と私は何度も言ってきました。しかし、それ以上の金額を受け取る自信がなく、2000円で料理教室を開催するしかありませんでした。

初めはそれでかまいません。

どんなに周りから「安すぎる」「高くした方がいい」と言われても、あなたがそれ以上受け取れないなら、無理に価格を上げる必要はありません。

ひとまずそれでやってみましょう。やってみて気づくこともあります。

「この価格でやるのはキツかった」「割に合わない」と。

椎名さんもやってみて、「ものすごく疲れましたー!! この価格でやるのはキツかったです」と言っていました。

そんな経験をしたときこそ、自分に問いかけてほしいのです。

「本当はいくら欲しかったのだろう?」と。

「本当は20万円欲しかった!」という思いが浮かんできたら、それこそが適正価格。

「いやいや、20万円は言いすぎかな……」と不安になったら、次の質問を自分に投げかけてみてください。

〈価格設定のための質問 その3〉

「いくらまでだったら、価格を下げられる?」

「半分だったらどう?」

「10万円かぁ。もう少し欲しいな」

「では、40%オフは?」

「12万円かぁ。それならいいかもしれない」

こんなふうに、いくらまでだったら価格を下げられるか、「一人会議」をしてみましょう。

そして「しっくりくる価格」が決まったら、お客様にこのように伝えてください。

「定価20万円のところ、期間限定で12万円です」

お客様は、安いから買ってくれるわけではありません。

価値を感じるから買ってくれるのです。

それさえ覚えておけば、安すぎる価格を設定して疲弊することがなくなります。

ビジネスは、お客様とあなたの共同作品です。

「どちらも幸せ」になってこそ、やりがいを感じられるものだということを念頭に置きながら、商品作りと価格設定をしていきましょう。

価格設定で最も大切なのは自己肯定感

価格設定で最も大事なのは、自己肯定感です。

なぜか？

「こんな高い商品、買ってくれる人がいるのかな」

「他の人に比べて、高すぎないかな」

という自己否定的な考えが浮かび始めると、適切な価格がわからなくなるからです。

自己肯定感の低い人は、一度決めた価格がどんどん下がるということがよくあります。そのときの気分やお客様の状況に合わせて、「時価」で価格をつけ始めるからです。

しかし、「時価」でビジネスをすることは、お客様を混乱させてしまうのでとても危険。

「この商品が気になるんだけど、価格がわからない」

というのは、お客様にとって大きなストレスになります。

「この前言っていた価格と違う気がする……」

なんてことが起きてしまうと、信用問題にも関わってきます。

「まだ価格が決まってなくて、後からお伝えしてもいいですか？」

という起業家さんもいますが、これもNG。

自分がお客様だったら、価格を後から言われることほど不安になることはありませんよね。

価格決めでマイナス感情に引きずられそうになったら、第1章で紹介した自己肯定感を上げる方法を思い出してください。

「**大丈夫！**」「**私の商品は最高！**」と自分自身に声をかけて、自信を持って明確な価格設定をしましょう。

第4章

集客・営業しなくても自然と売れる「口コミセールス」

口コミセールスのコツは「セールスしない」こと

セールスではなく、知り合いに「尋ねる」だけ

商品ができて、価格を決めたら、いよいよお客様に商品を売っていきましょう。

といっても、**口コミ起業ではセールスをやりません。**


「これからこういうことをやろうと思っているんだけど、どう思う？」

と「尋ねる」。

これだけです。


まず、「人が物を買おうと思ったときに何をするか」についてお話ししてお

きましょう。

物を買うとき、誰でも必ずやっていること。

それは「調べる」です。

物を買うために調べ物をするとき、人は大きく4つのポイントを意識しています。

①どんな商品、サービスなのか？

②どんな人が作ったものなのか？

③どうやって利用するものなのか？

④その商品やサービスを手に入れるとどうなるのか？（自分の未来がどうなるのか？　メリットは何か？）

この4つが明らかになって、さらに「納得」ができたとき、お客様は商品やサービスを買おうかなと思い始めます。

裏を返せば、この4つのハードルをクリアしないと人は物を買いません。

ところが口コミセールスの場合、4つのハードルのうち、
①どんな商品、サービスなのか？
②どんな人が作ったものなのか？
については、すでにクリアされています。

なぜなら、紹介者から説明を受けているお客様は、

「○○さんが紹介してくれるんだから、きっといい商品なんだろうな」

「○○さんが紹介するくらいだから、きっといい人なんだろう」

という信頼感がすでにあるからです。

また、
③どうやって利用するものなのか？
④その商品やサービスを手に入れるとどうなるのか？
についても、第2章で商品コンセプトをしっかり作っていますから、すでにクリアしています。

つまり、**口コミセールスは、①友人・知人に商品について「尋ねる」→②欲しい人に商品を「案内する」**

これだけですむのです。

※口コミ起業にセールスはありませんが、便宜上、以下「商品を案内する」ことを「口コミセールス」と表記します

大切な友人や知人に売り込むのはやめなさい

人とのつながりは、お金に換えられない財産

では、具体的なやり方を見ていきましょう。

口コミセールスで重要になってくるのは、「**人とのつながり**」です。

「人とのつながり」と書くと、連絡をとっていなかった友人に連絡したり、コミュニティに入ったりしなければいけないのかな、と思う人がいるかもしれませんが、そんな必要はありません。


身近な友人や知人、家族に、自分の考えた商品について尋ねる。これだけです。

「30代、40代の子育てママ向けに、料理教室を開こうと思っているんだけど、どう思う？」

「むせる、せき込む、声がかすれるという悩みを持つ50代以上の人に、喉を鍛えるアンチエイジング講座を4ヶ月・30万円くらいで開こうと思っているんだけど、どうかな？」

といった具合に**商品について友人や知人に尋ねるだけ**。

すると、

「子育てママさんは、仕事を持っていて忙しい人も多いから、美味しい時短レシピを紹介してくれたらうれしいと思うよ」

「喉を鍛えるアンチエイジング講座は魅力的だけど、専業主婦やサラリーマンに30万円は高いと思うから、経営者向けにするといいんじゃない」

といった**具体的な意見やアドバイス**をもらえます。


その意見やアドバイスをもとに商品や価格を見直して、もう一度意見とアドバイスを求める。これを2～3回繰り返します。

すると、

「私、あなたの料理教室で学んでみたい。申し込むわ」

「私の知り合いの社長が、最近人前で話すときにむせてしまって困っている、声もかすれるって言っていたから案内しておくね」

という人が出てきます。

人には、少しでも関わった人や物事が、その後どうなったかが気になる習性があります。

その習性を活用して、人とのつながりを増やしていくのが「口コミセールス」です。

ヒアリングの過程で少しでも興味を持ってもらえたら、その人たちに相談することで強力な味方になってくれます。

そして、その友人や知人がお客様とのご縁を運んできてくれるのです。

ただし、この段階で一つだけ注意することがあります。

「早くビジネスを軌道に乗せなければ」と焦るあまり、友人や知人に商品やサービスを売り込んでしまうこと。

これだけは絶対にやってはいけません。

この段階で増やしていくのは、お客様ではなく「口コミを巻き起こすための協力者」です。

もちろん、お客様になってくれればありがたいことなのですが、ここでは焦ることなく「協力してくれる人とのつながり」を意識してヒアリングに徹しましょう。

そして、意見やアドバイスへの感謝とともに、進捗《しんちょく》状況の報告を忘れずにしてくださいね。

口コミセールスに
SNSが必要ない理由

SNSの投稿だけを見て、買うお客様はいない

セールスの話をすると、必ず聞かれるのが「SNSはやった方がいいんでしょうか？」です。

結論から申し上げましょう。

口コミセールスに、SNS集客は必要ありません。

なぜでしょうか？

例えば、ある商品を買うかどうか検討している人がいたとします。

その人は、友人から「絶対いいわよ」とすすめられた商品と、SNSでたまたま見かけたまったく知らない人の商品のどちらを買うと思いますか？

多少の価格差なら、まず友人からすすめられた商品を買うでしょう。

ビジネス一色のSNSの投稿だけを見て、買おうと思うお客様は、まずいません。

SNSは、もともと営業や宣伝用のツールではありません。

「友人を作る」「知り合いを増やす」など、「つながり作り」のためのツールです。

ですから、ビジネスのためにSNSを始めたばかりの人の「売り込む気満々の宣伝投稿」を見て、商品やサービスを申し込む人がいたら、よほど奇特な方です。

SNSは、お客様が人となり・実績を確認する手段

では、口コミセールスでSNSを活用するとしたら、どんなときでしょうか。

それは、商品やサービスを買いたいと思ったお客様が「この人って、いったいどんな人なんだろう？」と興味を持ったときや、友人から紹介されたときに**「人となりや実績、世界観を確認する手段」**としてです。

商品を買うのに迷っているときに、売っている人の人間性が感じられると、急に親近感が湧いてきますし、実績がわかると安心できて「買ってみようかな」となりますよね。

スーパーで肉や野菜に、生産者のプロフィールが書いてあるのは、まさにその効果を狙ったものです。

ですから、起業初心者でSNSを始める人が発信すべきは、これまでの経歴やあなたの「人となり」がわかるプロフィールや記事です。

さらには、お客様の「とてもよかった！」という感想や興奮をシェアする記事です。

つまり、SNS上の口コミです。

その上で、これからSNSを始める人へのアドバイスがあります。

SNSをするなら、最低限のプロフィールと写真は整えておきましょう。

どんな経歴を持っていて、どんなことをやっている人なのか。どんなことが得意なのか。どんな容姿の人なのか。そこをお客様は「SNSで確認」しようとします。

そして、そこに「違和感」があれば申し込みをやめてしまいます。

例えば、私は「口コミ起業コンサルタント」を名乗っていますが、SNSに高級な壺や水晶の写真ばかり載せていたら、一気に胡散臭《うさんくさ》くなりますよね。

フランス料理の先生なのに、和菓子の投稿ばかりしていたら経歴を疑われます。

ただし！　SNSがイヤならやってはいけません。

SNSやブログで無理をして、貴重な時間とエネルギーを奪われてしまっては本末転倒。

断言しますが、月に50万円までならSNSでの集客は不要ですし、口コミセールスだけで十分稼げます。

SNSが苦痛なら、思い切ってやらない決断をして、今いるお客様にエネルギーを注いだ方が圧倒的に効率よく収入を得て、楽しく仕事ができます。

口コミセールスを失敗する原因は、自分の話をしすぎているから

セールスへの苦手意識が消える4つのテクニック

つながりの数を増やし、友人や知人の紹介で新しいお客様が来てくれるようになったら、いよいよ口コミセールスの始まりです。

口コミセールスにはコツがあります。

それは、「自信が伝わる」ということです。

お客様は「自信がない人よりも、自信がある人から商品を買いたい！」と思っています。

「この商品、多分あなたに合っていると思うんだよね……」

「気に入ってもらえるかどうかわからないけど、おそらく役に立つと思う」

と言われるよりは、

「この商品は必ずあなたの役に立つよ」

「私が最後までサポートするから安心してほしい」

と言われた方が、商品やサービスに興味が持てるし信頼が増します。

その信頼が、次の口コミを巻き起こしていくのです。

その上で、次に紹介する「4つのテクニック」を使って、口コミセールスを進めていきましょう。

❶ 嫌いな人には売らない

口コミセールスをする女性に「これは絶対に守ってほしい」とお伝えしていることがあります。

それは、**「嫌いな人には、商品やサービスを絶対に売らないでください」**ということです。

自分の商品やサービスを買ってもらうと、その時点からお客様との関係がスタートします。

口コミ起業では、「買ってもらっておしまい」ではなく、「買ってもらってからが本番」です。お客様は、また次のお客様に口コミをしてくれるからです。

大切なのは、長く付き合える人、力になりたいと思える人、好きだと思える人をお客様にすること。

そうでないと、だんだんと自分がつらくなっていきます。

「なんとなく嫌な感じだけど、この人をお客様にしたらメリットがありそう」

「この人とお付き合いするのは大変そうだけど、我慢すればなんとかなる」

「苦手なタイプだけど、売上が厳しいから受けよう」

こんな考えが浮かんできたら要注意。男性は稼げるのなら我慢して付き合うことができますが、女性はそうはいきません。

嫌いな人と時間や空間を共有すると、それだけでパフォーマンスが落ちます。実際、私のところに来る女性起業家さんも、苦手なお客様を受け入れた結果、心や体を壊してしまった人が実に多いのです。

女性が起業で失敗する最大の原因は「無理と我慢」でしたね。

「**嫌だという感情を無視しない**」ことは、わがままではありません。女性が起業を長く続けていく上で、とても大切なことなのです。

もし、嫌いな人がやってきて商品を買うか迷っていたら、

「迷っているなら、今は踏み出すタイミングではないかもしれないですね」

「迷っているときはベストな決断ができないかもしれませんね」

とやんわりお伝えしてみてください。

「お客様を選んではいけない」

とよく言われますが、決してそんなことはありません。

むしろ、お客様は選びましょう。

大切なことなので、もう一度言いますね。女性が絶対にやってはいけないことは無理と我慢です。お客様は選んでいいのです。

心身ともに幸せで楽しい起業にするためにも、「この人の役に立ちたい」と思えるお客様だけを受け入れていくことが大切です。

❷自分の話をしすぎない

セールス下手な人の特徴、それは「**自分の話をしすぎること**」です。

セールスが下手な人ほど、「商品のことを伝えなければ」という思いが強すぎて、しゃべりすぎてしまいます。

しかし、口コミセールスでは、お客様の話を聞く方が100倍大切。

なぜなら、女性は「共感」が大切だからです。

女性は、とにかく自分の話を聞いてほしいし、共感してほしい。ただし、説得はされたくない。

そのために必要なのが、「話を聞く」ことなのです。

しかし、この「お客様の話を聞く」というのが案外難しい。

最初はお客様の話を聞いていたはずなのに、いつのまにか商品のよさをアピールしていたり、自分でも気がづかないうちに売り込んでいたりします。

本当にセールスのうまい人は、お客様の話に共感しながらとことん聞きます。

お客様が何を求めているのか、お客様がどんな困りごとを抱えているのか、それによってどんな感情を抱いているのか、を聞いていきます。

そして、自分の話をしたくなったら「質問」に切り替えます。

質問すれば、お客様が考えていても待つことができますし、先回りして話をとってしまうことも防げるからです。

質問してもお客様から答えが出てこないときは「一緒に考えましょう」と声をかけて、自分がお客様の「味方」であることを伝えます。それが信頼関係を築くことにつながります。

ただし、ここで気をつけることがあります。

質問が尋問にならないよう注意しましょう。

「とにかく質問しなければ」という思いが強すぎると、お客様が話したくないことまで尋ねてしまい、質問ではなく尋問になってしまうケースがあります。

ですから、質問をするときは、「お客様のことを幸せにしたい」「お客様の役に立ちたい」という「寄り添いの気持ち」を忘れないようにしましょう。

そうすれば、お客様から自然と話してくれます。

❸ 商品説明ではなくお客様の未来を語る

お客様は商品やサービスを買うとき、「売り手の人柄」をしっかり観察しています。

「この人なら信頼できる」

と思ったところで、初めて買うかどうかを考え始めます。

そのとき、商品やサービスの内容を詳しく説明したくなると思いますが、グッとこらえましょう。

これが「口コミセールスを成功させるコツ」です。

自分の話をしたくなったら、「この商品やサービスを買ってもらうと、お客様の未来がどうなるか」を語りましょう。

人は説得ではなく納得で動きます。

女性は、「未来に対する共感」が生まれたとき、ワクワクする感情が芽生えて、商品が欲しくなります。

まず、「お客様が何を求めているのかに興味・関心」を持ちながら、②で紹介したように質問をします。

例えば、「もし月に50万円の収入が安定して入ってくるとしたら、どんな未来を描くことができますか？」という質問をすると、お客様に寄り添って同じ位置から未来を見ているということが伝わります。

また、質問をすることで、目の前のお客様への想像力がどんどん膨らんでいきます。

すると、既成概念ではなく「ありのままを見ようとしてくれているな」ということがお客様に伝わり、さらに信頼が深まります。

❹ 自分の話をしたくなったら深呼吸

①～③のことをやっても、自分の話をしたくなってしまったときは、深呼吸をして心を落ちつかせましょう。

女性はおしゃべりが大好きなので、自分の話をしてしまいたくなる気持ちはよくわかります。しかし、楽しいだけでは、お客様の力になることはできません。口コミセールスはあくまで「お客様が商品を買うお手伝い」です。買っていただくことで初めて、お客様のお役に立つことができるようになるのです。

ですから、どうしても自分が話したくなったときは、

「それって本当にお客様のためになる話なの？　自分が話したいだけじゃない

の？」

と深呼吸をしながら自問自答してみてください。

お客様の「表情」や「目」を観察すると、お客様が興味を持ってくださっているかどうかがすぐにわかります。こちらに興味を持ってくださっているときは表情が豊かになりますし、目も輝きます。

話にのってくれれば、身を乗り出して会話をしてくれるようになります。

しかし、愛想笑いをしていたり、こちらに気を使って話を聞いてくれていたりしたら……おそらく申し込みはありません。

主役は、あくまでもお客様。

こちらが提供できるのは、お客様に居心地がいいと思っていただける環境です。

「売る」のではなく**「買うお伝いをする」**ということに重点を置けば、お客様は喜んで商品を買ってくれるでしょう。

口コミセールスに自分の話は必要ない

①お客様は選んでOK！

当店の品質には
自信を持っております
お値引きは
いたして
おりません
他のお店は
安くして
くれたわよ！

②自分の話はやめよう

お客様の話は参考になるな
お客様の
お悩みは
何ですか？
自分で選ぶといつも同じよう
なものになってしまうの
自分でアクセサリーを作る
ことってできるかしら？

③お客様の未来を語ろう

料理教室を開くサポート
をしているので、経済的
に自立できますよ
なるほど

④それでも自分の話をしたくなったら？

うーん
どうしようかな～
深呼吸で落ちつこう

口コミセールスがうまくいく4つの会話スキル

「答え」は必ずお客様が持っている

セールスのポイントを押さえたら、今度は具体的な会話のスキルについて紹介しましょう。

❶迷っているお客様には、目を見て笑顔で「お任せ下さい！」

お客様は高額商品を買うとき、どんなに納得していても「この商品を買って本当によくなるのかしら」「うまく使えるかしら」と思ってしまうものです。

迷っている様子がわかったときは、お客様の目を見て笑顔で、

「きっと素敵な未来が開けますよ」

と言い切りましょう。

「大丈夫です」

「お任せ下さい！」

「全力でサポートします！」

と言い切ると、お客様は自分の決断に心から「これでいいんだ」と思えるようになります。

結婚式で神父さんが「新婦を一生愛しますか？」と問いかけたとき、「多分……愛せると思います」と新郎がうつむきながら答えたら、「え？　この結婚やめた方がいいんじゃない!?」と不安になりますよね。それと同じです。

大事なことなので、もう一度言います。

迷っているお客様には、お客様のためを思って、「お任せください！」と笑顔で言い切りましょう。それがお客様に大きな安心感を与えます。

それを言うことでみなさんの中にも「お客様に全力を尽くしていく」という覚悟ができます。

迷っているお客様には、目を見て自信を持って、

「お任せください！」

と言い切る。これを忘れないでください。

❷「でも」をやめる

セールストークをするときに、絶対にしてはいけないことがあります。

それは**「否定する」**ことです。

こう書くと、お客様相手にそんなことしませんよ、と思うかもしれませんが、気づかないうちに否定の雰囲気が伝わってしまう**「無意識の否定」**というものがあります。

例えば、こんな感じです。

お客様：「今、お金に余裕がなくて迷っているんですよね」

起業家：「**でも**、それだと変わるチャンスを失うことになりますが、いいのですか？」

お客様の状況や気持ちを受け止めずに、「でも」で返してしまうと、お客様は否定されたと感じると同時に、「不快感」を覚えます。

そして、「たしかにそうなんだけど、こっちにも事情があるんだよね」と反発したくなってしまいます。

ポイントは**「お客様の間違いを正さなくては」をやめる**こと。

「でも」と反論したくなったときはぐっとこらえて、いったん「YESの姿勢」で受け入れてみましょう。

「でも」をどうしても言いたくなったら、

「もし商品やサービスを買わなかった場合はどうなると思いますか?」

と、「未来がどうなるか」という視点で「質問」を投げかけてみてください。

お客様:「いいと思うのですが、お金に余裕がなくて迷っているんですよね」

起業家:「たしかにそういうときってありますよね。迷ったときはどうやって決めていますか?」

お客様:「あきらめることの方が多いかな……」

起業家：「そうなんですね。ちなみに、〇〇さんは自分の未来がどうなっているといいなと思っていますか？」
お客様：「やっぱり変わりたいです。その気持ちはあるんです」
起業家：「変わりたいという気持ちがあることが素晴らしいですね。その気持ちを大切にしてください」
お客様：「ありがとうございます。よく考えればお金はいつもないわけで、そこをなんとかするしかないですよね」
起業家：「私もなんとかなると思います。〇〇さんなら、きっとなんとかできるはずです」
お客様：「そうですよね！」

こんなふうに、お客様の気持ちを否定せずにひたすら受け入れていきます。

「答え」は、いつでもお客様の中にあります。

そして、お客様の未来を一緒に作りたい、創造していきたい、よくなると信じていきたいという気持ちを「**YESの姿勢**」で伝えていきましょう。

そうすることで、お客様自身が答えを見つけ出して、納得して進むことができます。

❸ 沈黙を怖がらない

買うか買わないかを迷っているお客様は、大きな決断を下す前に必ず「無言」になります。

「買うべきかどうか」を真剣に悩んでいるからです。

そのときは、**沈黙して待ちましょう。**

沈黙に気まずさを感じて、つい、

「迷っているんですか？」

「値段が高すぎますか？」

「何が決め手になりますか？」

と口を挟む人がいますが、グッとこらえてください。信じて待つことが大切です。

人は思考の邪魔をされると、誰かのせいにしたくなります。

勧誘して「買わされた……」となると、

「しつこかったから仕方なく買ったけど、あの人のせいでムダな買い物をしてしまった

しまった」

となってしまい、互いに大きなしこりが残ります。

それよりも、「自分で決断して買った」方が、お客様自身の商品やサービスに対する向き合い方や価値がまったく変わってきます。

何より自分が納得した上で買うと、商品の価値と満足度が飛躍的に上がるのです。

そして、**満足度が高ければ、次の「口コミ」にもつながっていきます。**

沈黙はお客様の大切な決断の時間。邪魔することなく静かに答えを待ちましょう。

④断られたときは「タイミングが来れば買ってもらえる」と考える

お客様が検討した結果、残念ながら断られることもあります。

その際、

「本当にいい商品ですから、考え直してみませんか」

「今買わないと損しますよ！」

などと深追いをしては絶対にいけません。

どんなに素晴らしい商品やサービスを提供しても、1回も断られないということはないのです。

むしろ、いい商品でより多くの人に案内するチャンスが増えれば増えるほど、断られる回数も増えていきます。

私も、今まで多くの人に断られてきました。

今から思うとありがたい経験です。断られるというのは、つまり、次へのヒントを無料でもらえていることになるのです。

ですから、**断られたからといって落ち込むことはありません。**「自分の商品がよくなかったんじゃないか」と、過度に自分を責める必要もありません。

「今回はそういう決断だったんだな」と、冷静に状況を受け止める。

商品を買うか買わないかはお客様が決めることです。こちらがコントロールできることではありません。

ということは、みなさんの商品やサービス、能力の有無とは関係のないことがほとんどなのです。

そして、**お客様が商品を買わない理由は、「お金がない」「時間がない」「自信がない」という3つの理由のいずれかです。**

逆に言えば、その場で買ってもらえなくても、この3つの理由をクリアできるタイミングが来れば、買ってもらえる可能性があるということです。

ですから、「買ってもらえなかった」「買ってもらえた」に一喜一憂せず、お客様の状況や気持ちを尊重することが大切です。

「タイミングが来れば、いつか買ってもらえるかも」という心の余裕を持っていましょう。

お客様との話し方のコツ

①目を見て笑顔で「お任せ下さい！」と言い切る

②「でも」をやめる

③沈黙を怖がらない

④断られても落ち込まない

口コミセールなら
ファンが少なくても大丈夫

お客様がお客様を呼ぶのが「口コミセールス」

ビジネスは、お互いが買ってよかった、売ってよかったでは終わりません。
そこからお客様の未来を一緒に歩いていくことで、より信頼関係が深まり、
お付き合いが続いていくのが理想です。
口コミ起業では、理想の自分になっていくことで満足してくれたお客様が、
また別のお客様を呼んできてくれるのが最大の特徴。
その関係は、お客様との信頼のもとに成り立っています。
ビジネスは、あなたの人柄がそのまま表れます。
お客様は、あなたの人柄に惹かれてやってきます。だからこそ、万人に受け

入れられる必要はありません。

むしろ、万人に受け入れられても対応できません。

ですから、少なくてもいい。あなたを好ましく思っている人とビジネスを始めましょう。

そうすることで、売り込まなくても自然にビジネスがうまくいく「口コミ起業」の成功が待っているのです。

世界平和と幸せのカギを握るのは、女性の笑顔

最後になりますが、もう一度なぜ私が女性の起業を応援しているのか？　についてお伝えします。

それは、世の中の女性が一人でも多く笑顔になれば、男性も幸せになれるからです。

家庭でも、お母さんや奥さんが笑っていたら、子どもも旦那さんも幸せですよね。

これは、大げさでも何でもありません。

これからの時代、世界平和と幸せは、女性がカギを握っていると本気で思っています。

ぜひ、口コミ起業で一人でも多くの女性が成功し、自分だけでなく家族やスタッフ、仲間たちと成功を分かち合ってくれることを心から願っています。

おわりに

この本を手に取っていただき、ありがとうございます。

起業しても、なかなか思うように収益が上がらない女性をたくさん見てきました。才能もやる気もあるのに、なぜか空回りしてしまう……。

私も同じでした。

でも、たった一つの原則を実践したことで変わったのです。

それは「黄金律に従う」です。

私の考える「黄金律」とは、自分がしてほしいことをまず相手にする。つまり、自分が豊かで幸せになりたいなら、自分以外の人を豊かで幸せにするというものです。

私は、人生のどん底のときにそれを実践しました。自分が豊かになりたいなら、まずは徹底的に目の前の人を豊かにする。

知り合いの会社の売上を上げるために、全力で本業支援をする。困っている人の相談に乗り、どうすれば売れるのかのアドバイスをする。

徹底的に応援した結果、数々の奇蹟が起こり夢が叶いました。

縁ある人を豊かで幸せにした結果、自分も豊かで幸せに、そして自由になれる仕事。これこそ、まさに理想の仕事だと確信して始めたのが、「口コミ起業アカデミー」です。

本文でもお伝えしてきましたが、母親が幸せでなければ、子どもは幸せを感じることはできません。妻が幸せでなければ夫は幸せになることはできません。つまり、すべての女性が幸せになることが、世界が平和になる道なのです。幸せなエネルギーの循環が、社会を明るくし、多くの人を幸せにしていく。口コミ起業は、そうした「幸せな循環」を生むことができる素晴らしい仕組みです。


この本を出版するにあたっては、OCHI企画出版マイスターの越智秀樹さんと越智美保さん、小笠原綾伽さんに大変ご尽力いただきました。

いつも親身に相談に乗っていただき、感謝の言葉しかありません。ありがとうございます。

また、プレジデント社の岡本秀一さんをはじめ、多くの方々に様々なサポートをいただき、今回出版の運びとなりました。厚く御礼申し上げます。
そして、ステキなイラストで私の出版を応援してくれた、たなかようこさん、ありがとうございました。
最後に、いつも笑顔で私を支えてくれる妻と子どもたち、チームメンバー、そして、口コミ起業アカデミーの現役生、卒業生に心からの感謝とエールを送りたいと思います。

「ありがとう。そしてがんばれ！　大丈夫、絶対できるからな」

女性が笑顔なら、世界が平和になる。
この本が、一人でも多くの方の手に渡って、渡った人の口コミでまた新たな人の手に渡り、大きな口コミの輪が広がっていくことを願ってペンを置きます。

崎本正俊（さっきー）

著者略歴

﨑本正俊（さきもとまさとし）

本当にやりたいことで自分らしく幸せに成功する「口コミ起業アカデミー」主宰／株式会社Growup代表取締役

1973年大阪府生まれ。26歳のときに保険代理店で起業するも、「自分を誤魔化す」「見栄を張る」が原因で2000万円の借金を抱える。自己破産を申請するために弁護士事務所に行き、書類にハンコを押した途端、「一生負け犬で終わるのは嫌だ」と思い直し書類を破棄、借金返済の覚悟を決める。その後、10ヶ月で借金2000万円を完済。

自身の体験から、お客様がお客様を呼んできてくれる「口コミ」なら、無理と我慢がいらないことに気づき、「口コミ起業アカデミー」を立ち上げる。

アカデミー生の95%以上が6ヶ月で月収50万円を達成、のべ7000人以上の女性の起業をサポート。

「縁ある人の人生に本気になり、自分がしてほしいことをまず相手にやる」をモットーに、「女性が笑顔なら世界が平和になる」活動を全国で展開中。

著書に『ドMのあなたが人生を100倍楽しくする100のルール』（KADOKAWA）がある。

HP: https://growup3324.com/

本当にやりたいことが仕事になる

ロコミ起業の本

2024年2月3日　第1刷発行
2024年4月17日　第2刷発行

著者　崎本正俊
発行者　鈴木勝彦
発行所　株式会社プレジデント社
〒102-8641　東京都千代田区平河町2-16-1
https://www.president.co.jp/
電話　編集(03) 3237-3732
販売(03) 3237-3731

装幀　根本佐知子(梔図案室)
イラストレーション　ヤギワタル(カバー)
たなかようこ(本文)
企画・編集　越智秀樹　越智美保(以上、OCHI企画)
取材協力　日高寛子　椎名彩梨紗
執筆協力　越智秀樹　越智美保　小笠原綾伽(以上、OCHI企画)
柴田恵理
編集担当　岡本秀一(プレジデント社)
校正　山崎春江
DTP　野中 賢　安田浩也
制作　関 結香
販売　桂木栄一　高橋 徹　川井田美景　森田 巌　末吉秀樹　庄司俊昭　大井重儀
印刷・製本　萩原印刷株式会社

ISBN 978-4-8334-2477-6

Printed in Japan

本書をお読みくださったあなたへ

ありがとうの気持ちを込めた「プレゼント」のご案内

崎本正俊（さっきー）より、ありがとうの気持ちを込めた

プレゼントを用意させていただきました。

ぜひ、ご活用ください。

プレゼント内容

①本当にやりたいことが仕事になる「特別音声」 ♪♫

②泣く泣く割愛した「幻の原稿」 pdf

③成功する「口コミ起業」アイデアの見つけ方 pdf

詳細は下記よりアクセスください
↓↓↓

URL　https://growup3324.com/kuchikomi/

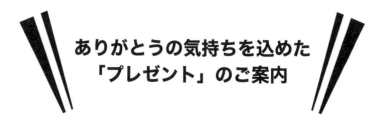

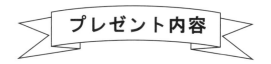